KB205992

영혼을 살리는 설교 6

모든 사람의 구원

목차

믿는 자들은 자신이 구원받기를 원한다. 남편과 아내가 구원받기를 원한다. 부모와 자녀가 구원받기를 원하고 형제가 구원받기를 원한다. 나아가서 자신의 이웃과 국가가 구원받기 원하며 온 인류가 구원받기 원한다. 하나님도 여러분이 구원받고 모든 사람이 구원받기를 원한다.

> "하나님은 모든 사람이 구원을 받으며 진리를 아는 데에 이르기를 원하시느니라" (딤전 2:4).

하나님은 모든 사람이 구원에 이르기를 원하면서 구원받는 것을 어렵게 하지는 않았을 것이다. 그렇게 하는 것은 모순이다. 하나님은 인간이 구원받는 것을 매우 쉽게 하였다. 그것은 하나님이 인간의 구원을 위해 인간들에게 주신 것을 보면 증명된다.

하나님은 인간을 구원하기 위하여 계명을 주었다. 안식일을 주었다. 절기를 주었다. 하나님의 아들 예수를 주었다. 성령을 주었다. 구원의 지침서인 성경을 주었다. 그리고 전지 전능하신 하나님이 최선을 다하여 인간을 구원하려고 한다. 그럼에도 불구하고 인간이 구원받지 못한다면 그것은 기적이다.

그러나 안타깝게도 많은 인간들이 구원받지 못하는 기적을 행하고 있다. 인간들이 구원받지 못하는 이유는 하나님이 주신 이러한 많은 구원의 도구를 사용하지 않기 때문이다. 이것들이 구원의 도구인지를 모르기 때문이다. 그리하여 자신도 구원받지 못하고 남편과 아내도 구원받지 못하고 부모와 자녀와 형제도 구원받지 못하고 이웃과 국가와 민족이 구원받지 못한다.

하나님은 우선 여러분 자신이 구원받기를 원한다. 여러분의 자녀나 부모가 구원받는 것이 우선이 아니다. 여러분이 구원받지 못한다면 다른 혈육이 구원받는 것이 여러분과 아무 상관이 없다. 하나님은 다른 사람이 아니라 바로 여러분 자신이 구원받기를 간절히 원한다.

그런 후에 배우자의 구원을 돌보고 부모와 자녀의 구원을 위하여 기도하고 다른 믿지 않는 자들의 구원을 위해 힘쓰는 것이다. 이 모든 것이 순서가 있다. 그리하여 여러분 스스로 쉬운 구원을 이루고 그 후로 다른 영혼의 구원을 돕는 것이다.

이 책은 쉬운 구원을 더 쉽게 하려고 성령의 감동으로 쓰게 되었다. 이 책은 구원에 순서를 두었다. 첫째, 개인의 구원이다. 둘째, 부부의 구원이다. 셋째, 가족의 구원이다. 넷째, 국가의 구원이다.

어려운 수학 문제도 공식을 적용하면 쉽게 풀린다. 이 책은 구원을 어렵게 여기는 사람들에게 공식을 제공한다. 비밀 코드를 알려 드린다. 그리하여 쉬운 구원을 더욱 쉽게 만들었다. 구원의 작은 불씨 만 갖고 있는 많은 사람들에게 기름을 부어주어 활활 타

오르는 불길로 만들어 줄 것이다.

이 책은 여러분을 구원으로 인도할 것이다. 여러분의 남편과 아내를 구원하고 부모와 자녀와 모든 혈육을 구원으로 인도하는 지혜를 제공할 것이다. 대한민국의 구원에도 동참하게 할 것이다. 모든 사람이 구원에 이르기를 원하는 하나님의 뜻에 함께 하게 할 것이다. 이 책을 통하여 역사하는 성령의 능력이 모든 것을 이룰 것이다.

I
개인의 구원

1
대속의 피

"율법을 따라 거의 모든 물건이 피로써 정결하게 되나니 피흘림
이 없은즉 사함이 없느니라" (히브리서 9:22).

성경은 그 내용이 피 흘림의 역사로 이루어져 있습니다. 가인이 아
벨의 피를 흘리게 한 것으로 시작하여 그리스도 예수의 피 흘림을 지
나 마지막 환난의 때에 성도들의 피와 심판 받아 멸망하는 인간들의
피까지 창세기로부터 요한계시록은 끊임없이 피 흘리는 이야기를 다
룹니다.

사람들이 일반적으로 갖는 피에 대한 이미지는 좋지 않습니다. 피
에 관한 이야기를 하면 듣는 사람이 거북합니다. 사람들이 피 보았
다고 말하면 그것은 일이 잘못 되었거나 실패하였거나 손해를 보았
다는 뜻입니다. 또한 사람들은 피라는 단어에 대한 두려움이 있습니
다. 왜냐하면 피는 죽음을 연상시키기 때문입니다. 공포 영화를 보면
항상 피 흘리는 사람이 나옵니다.

그럼에도 불구하고 성경은 피에 대하여 매우 중요한 의미와 상징
을 부여하고 있습니다. 구약의 시대에는 짐승의 피를 흘려 제사를 지

냈습니다. 소나 양을 대신 피 흘려 죽게 함으로 사람들은 죄를 용서 받았습니다. 죄사함을 위해서는 대신 누군가 죽어야 하는데 반드시 피를 흘리고 죽어야 합니다. 피가 나지 않는 방법으로 죽는 것은 효력이 없습니다.

하나님은 할례의 언약을 아브라함에게 주었습니다. 이것은 하나님의 백성과 이방인을 구분하는 것입니다. 구원받을 사람의 표를 하는 것이 할례인데 이것도 피를 흘리는 것입니다. 이스라엘 백성은 자신의 몸으로 피를 흘린 것이니 죄 사함을 받은 것이며 이방인은 할례의 피 흘림이 없으므로 구원받지 못하는 것입니다.

이처럼 피 흘림은 죄사함과 구원의 표로써 중요한 의미가 있습니다. 이러한 피 흘림의 백미, 즉 가장 뛰어난 것이 바로 예수 그리스도가 흘린 피입니다. 하나님의 아들이 직접 육신을 입고 오시어 채찍에 맞고 창에 찔리고 십자가에 못이 박혀 피 흘리고 죽으신 것은 모든 인류를 죄에서 구원하기 위한 것이었습니다.

예수님이 흘린 피가 짐승의 피를 폐하여 버렸습니다. 히브리서 9장 12절을 보겠습니다.

"염소와 송아지의 피로 하지 아니하고 오직 자기의 피로 영원한 속죄를 이루사 단번에 성소에 들어가셨느니라" (히 9:12).

예수님이 한 번 피를 흘리심으로 예전처럼 제사 때마다 짐승을 잡아 속죄할 필요가 없어졌습니다. 구약 시대에는 이스라엘 남자들은 반드시 할례를 받아야 하는 것이 율법이었지만 예수 그리스도의 죽으심으로 그것도 폐하였습니다. 갈라디아서 5장 6절을 보겠습니다.

"그리스도 예수 안에서는 할례나 무할례나 효력이 없으되 사랑으로써 역
사하는 믿음뿐이니라" (갈 5:6).

우리를 위하여 피 흘려 죽으신 예수 안에 있기만 하면 할례를 통
한 피 흘림도 필요가 없습니다. 이처럼 모든 피가 같은 것이 아닙니
다. 흘린 모든 피가 같은 능력을 갖는 것이 아닙니다. 동물의 피도 한
때는 약간의 능력이 있었습니다. 피 흘리는 할례도 한 때는 언약의
효력이 있었습니다. 그러나 예수의 피로 인하여 이러한 것들이 더 이
상 아무 능력도 없으므로 폐하였습니다.

사천 년 전 애굽의 종살이에서 구원받기 위하여 이스라엘 백성에
게 소용이 있는 것은 아무 것도 없었습니다. 은과 금이 그들을 구원
하지 못했습니다. 권력이 그들을 구원하지 못했습니다. 지식과 학문
이 그들을 구원하지 못했습니다. 오직 어린 양의 피에 만 구원의 능
력이 있었습니다.

문설주에 흠 없고 점 없는 어린 양의 피를 바른 집만 구원받았습
니다. 그 때에 피 흘려 죽은 어린 양은 하나님의 어린 양인 예수 그
리스도를 상징합니다. 어린 양의 피를 바른 집만 구원한 것은 그리
스도가 흘릴 피에 구원의 능력이 있음을 예표 한 것입니다. 그리고
그 일은 이천 년 전에 이루어졌습니다.

어린 양 예수는 갈보리 십자가에서 피 흘리고 죽었습니다. 우리를
위한 영원한 속죄의 피를 흘렸습니다. 그리하여 지금은 하나님의 어

린 양 예수의 피 외에는 아무 것도 구원의 능력이 없습니다. 예수가 흘린 피 만이 죄를 씻는 능력이 있습니다. 그러므로 우리는 피 흘리고 죽은 예수를 믿으므로 구원받게 되는 것입니다.

그렇다면 하나님은 왜 반드시 누군가의 피 흘림이 있어야 다른 사람의 죄를 사하는 것일까요? 왜 하나님은 예수님이 십자가에서 피 흘리지 않게 하고 인류를 구원하는 방법을 쓰지 않았을까요? 그것은 피에 대속의 능력이 있기 때문입니다. 피에 대속의 능력이 있는 이유는 생명이 피 안에 있기 때문입니다. 레위기 17장 11절을 보겠습니다.

"육체의 생명은 피에 있음이라 내가 이 피를 너희에게 주어 제단에 뿌려 너희의 생명을 위하여 속죄하게 하였나니 생명이 피에 있으므로 피가 죄를 속하느니라" (레 17:11).

이러한 이유로 하나님은 "피 흘림이 없은즉 사함이 없느니라"는 법을 만들게 된 것입니다. 이러한 법을 제정하였기 때문에 예수 그리스도는 반드시 피를 흘리고 죽어야 했던 것입니다. 그 피로 노아의 때처럼 모두 심판 받을 수 밖에 없는 우리 인류를 구원하였습니다.

지금까지는 한 사람의 죄사함을 위하여 누군가 반드시 대신하여 피 흘려 죽어야 한다는 대속의 의미와 사례들에 대하여 알아보았습니다. 그렇다면 여러분은 성경을 통하여 이러한 대속의 진리를 깨닫게 될 때에 어떠한 감동이 있습니까? 예수 그리스도의 피 흘려 죽은 대속이 없이는 우리에게 구원의 희망이 없다는 사실이 지금 여러분의 삶에 어떠한 감동으로 다가옵니까?

나는 오래 전 부흥회 때에 대속의 진리를 온 몸으로 깨닫는 경험을 한 적이 있습니다. 그 부흥회에서 나의 가족을 위하여 기도하는데 그들 중에 누가 죽을지도 모른다는 감동을 강하게 받았습니다. 왜냐하면 부흥회 시작하기 하루 전에 가족 중의 한 사람이 너무 힘든 일이 있어 죽고 싶다는 말을 한 적이 있었기 때문입니다.

그 말이 부흥회 때에 생각이 나면서 나는 가족들을 위하여 간절히 기도하였습니다. 그들에게 지은 죄 그들의 마음에 상처를 준 것 등에 대하여 회개하며 기도하였습니다. 회개는 핑계치 못하는 것이었습니다. 평소에 가족들의 잘못이라고 생각했던 것들이 회개의 기도를 하는 동안에 모두 내가 잘못한 것으로 생각이 바뀌며 크게 울며 기도하였습니다.

동시에 내가 죽지 않으면 가족이 죽게 될지 모른다는 감동이 나를 가슴 깊이 누르는 것이었습니다. 단순한 감동이 아니라 내가 죽지 않으면 이 사람들이 반드시 죽게 되는 것이 기정 사실처럼 여겨졌습니다. 그래서 부흥회 삼일 내내 나를 죽이고 그들을 살려 달라고 기도하였습니다.

내가 회개할 때에 대속의 영이 임한 것이었습니다. 누군가 죽어야 다른 사람이 산다는 진리를 경험으로 깨닫게 한 사건이었습니다. 나는 그 때에 회개하여 성령을 받았고 그 후에 대속의 진리를 가슴에 품고 거듭난 삶을 살기 시작하였습니다.

이사야서에는 대속을 설명하는 매우 구체적인 사례가 있습니다. 예수님이 오기 칠백 년 전에 선지자 이사야를 통해 미리 예언된 것입니다. 이사야 53장 5절을 보겠습니다.

"그가 찔림은 우리의 허물 때문이요 그가 상함은 우리의 죄악 때문이라 그가 징계를 받으므로 우리는 평화를 누리고 그가 채찍에 맞으므로 우리는 나음을 받았도다"(사 53:5).

여러분이 구원받기 위하여는 허물과 죄악이 없어야 하는데 그렇게 되기 위하여는 예수 그리스도가 대신하여 창과 가시에 찔리고 온 몸이 상해야 합니다. 우리의 죄가 없어지는 조건으로 그리스도가 반드시 그러한 고통을 받아야 합니다.

우리가 지금 평화를 누리는 것은 예수님이 혹독한 징계를 받았기 때문입니다. 병이 낫는 것은 그리스도가 채찍에 맞았기 때문입니다. 이사야 53장에서 보여주는 것은 대신 죽는 대속은 아닙니다. 그 전 단계입니다. 죄를 없애고 평화롭게 하고 질병을 치료하는 것입니다.

지금 말씀 드리려는 포인트가 여기에 있습니다. 우리가 그리스도의 삶을 본받고 그가 가신 길을 따르려면 자기 십자가를 지고 죽을 각오로 따라야 합니다. 그러나 그러한 죽음에 이르기 전에 우리가 매일 살아가는 삶에서 대속을 체험해야 합니다. 그런데 대속을 할 수 있는 주체가 되기 위해서는 전제가 있습니다.

대속의 주체는 죄가 없어야 합니다. 죄 있는 자가 다른 사람의 죄를 대신할 수 없습니다. 마치 어떤 사형수가 다른 사형수를 대신하여 죽을 수 없는 것과 같은 것입니다. 왜냐하면 그 사형수는 어차피 자기의 죄로 죽기로 작정 되어 있기 때문입니다. 그러므로 구약의 시대에도 흠 없고 점이 없는 어린 양을 제물로 바친 것입니다.

대속 받을 자격이 되기 위해서는 죄인이어야 합니다. 죄 없는 사람을 위해 누가 대신 죽을 이유가 없습니다. 이처럼 대속할 주체와 대속 받을 대상에 대하여 정의를 하는 이유는 여러분의 삶 가운데서 대속할 주체와 대속 받을 대상을 구체적으로 적용해보기 위한 것입니다. 누가 대속물이 되어야 하고 누가 대속함으로 구원받아야 하겠습니까?

바로 여러분이 대속물입니다. 여러분이 구원받았다면 잃어버린 영혼을 구원하기 위하여 대속물이 되어야 합니다. 죄 없는 자가 죄 있는 자를 대속할 수 있기 때문입니다. 믿지 않는 자가 믿지 않는 자를 구원하지 못합니다.

그렇다면 실제로 목숨을 내주는 대속은 아닌 삶에서의 대속은 어떠한 것이 있는지 살펴보겠습니다.

첫째, 대속은 섬기는 것입니다. 마태복음 20장 28절을 보겠습니다.

"인자가 온 것은 섬김을 받으려 함이 아니라 도리어 섬기려 하고 자기 목숨을 많은 사람의 대속물로 주려 함이니라" (마 20:28).

이 구절은 "섬기려 하고 자기 목숨을 많은 사람의 대속물로 주려 함이니라"고 말씀합니다. 목숨을 주기 전 단계의 대속이 바로 섬기는 것입니다. "섬긴다"의 의미는 매우 넓습니다. 그러나 그 핵심적인 뜻은 남을 나보다 더 낮게, 높게, 귀하게 여기는 마음과 그에 따른 모든 행동이 섬기는 것입니다.

종이 주인에게 하는 것, 신하가 임금에게 하는 것이 섬김의 좋은 예입니다. 여러분이 안 믿는 자나 믿음이 어린 자들을 귀하게 여겨 겸손한 마음으로 받드는 일을 할 때에 여러분은 그 사람의 대속물이 되어 그들을 구원의 길로 인도하게 됩니다. 이것은 매우 귀한 일입니다. 뜻과 행동이 귀한 만큼 이러한 섬김은 그 대가를 치러야 합니다.

예수님처럼 신체를 몹시 상하게 되지는 않더라도 마음으로 섬기고, 물질과 시간을 들이고, 육체의 고단함을 감수해야 합니다. 이러한 행동이 따르지 않으면 그 섬김은 모양만 있고 능력은 없습니다. 우리의 섬김에는 구원의 능력, 대속의 능력이 있어야 합니다.

여러분이 찔림으로써 섬기는 사람의 허물이 없어집니다. 여러분이 마음의 상처를 받음으로 상대방의 마음의 상처를 낫게 합니다. 내가 억울함을 당하면서 상대방의 억울함을 풀어줍니다. 내가 가난해짐으로 내가 섬기는 사람이 부유해집니다. 이러한 능력의 섬김이 있어야 합니다.

이 섬김의 대상은 가까이는 나의 배우자일 수도 있으며 부모, 형제, 자녀일 수도 있습니다. 또한 교회 안의 지체일 수도 있으며 교회 밖의 불신자일 수도 있습니다. 멀리 땅 끝에 있는 가난한 사람일 수도 있습니다.

둘째, 대속은 영혼 구원을 위하여 금전을 아끼지 않는 것입니다. 출애굽기 30장 15절을 보겠습니다.

"너희의 생명을 대속하기 위하여 여호와께 드릴 때에 부자라고 반 세겔에

서 더 내지 말고 가난한 자라고 덜 내지 말지며"(출 30:15).

이 구절은 생명을 대속하기 위해 돈을 내야 한다고 말씀합니다. 피로 대속하지 않고 하는 또 다른 한 가지 대속의 방법은 돈으로 하는 것입니다. 벌금의 개념입니다. 이러한 법이 구약에 있었습니다.

이 법을 대속의 원리에 적용하면 여러분이 돈으로 가난한 자를 섬길 때에 그들이 가난과 질병과 사망에서 해방된다는 것입니다. 돈에 능력이 있습니다. 잘 쓰면 대속하는 능력이 있고 저축하거나 잘 못 사용하면 멸망시키는 능력도 있습니다.

예수 그리스도가 채찍에 맞음이 없이는 우리가 나음을 입지 못하는 것처럼 부자가 소유를 팔아 돕지 않고는 가난한 자를 구제할 수 없습니다. 재물을 쌓아 놓고도, 대속할 재료를 많이 소유하고 있어도 다른 사람의 속량을 위하여 사용하지 않아 영혼들이 멸망한다면 그 책임을 하나님이 묻지 않겠습니까?

자신의 소유를 버릴 때 자신도 구원받고 다른 영혼도 대속하여 구원받는 역사가 일어납니다. 여러분은 소유한 것이 있다면 이런 대속의 재료로 잘 활용하기를 예수 그리스도의 이름으로 축원합니다.

셋째, 대속은 실제로 남을 위해 죽는 것입니다. 갈라디아서 1장 4절을 보겠습니다.

"그리스도께서 하나님 곧 우리 아버지의 뜻을 따라 이 악한 세대에서 우리를 건지시려고 우리 죄를 대속하기 위하여 자기 몸을 주셨으니"(갈 1:4).

이 본문의 말씀 중 "자기 몸을 주셨으니"는 그리스도의 죽음을 뜻하면서 동시에 맞고 찔린 육체의 고통도 포함 되어 있습니다. 그러므로 죽으셨다는 표현 대신 "몸을 주셨으니"라고 표현한 것입니다. 이처럼 완전하고 진정한 대속은 육체와 영혼의 고통을 겪고 난 후에 죽음까지 가는 것입니다.

예수 그리스도는 안락사 하지 않았습니다. 예수 그리스도의 죽음이 귀한 것은 죽기 전에도 매우 심한 정신적 육체적 고통을 당하고 죽으셨다는 사실입니다. 그러한 고통의 과정이 있었으므로 우리의 삶에서 죄를 없게 하고 평안하게 하고 병을 치료하였으며 궁극에는 죽으심으로 모든 인류의 영혼을 구원하였습니다.

여러분도 진정한 대속의 삶을 살기 원한다면 우선 자아를 죽여야 합니다. 그것이 몸이 죽기 전에 해야 할 과정이며 그것이 없이는 완전한 대속인 몸의 죽음에 이를 수 없습니다. 마태복음 16장 24절을 보겠습니다.

"이에 예수께서 제자들에게 이르시되 누구든지 나를 따라오려거든 자기를 부인하고 자기 십자가를 지고 나를 따를 것이니라" (마 16:24).

자기를 부인하는 것은 자신의 혼 즉 자아를 죽이는 것이며 자기 십자가를 지는 것은 몸이 죽을 각오를 하는 것입니다. 무거운 십자가를 지고 걸어가는 힘든 경험을 하는 뜻이 아닙니다. 몸이 실제로 죽기 위하여 십자가를 지고 가는 것입니다.

예수께서 자신을 부인하고 그 육체가 고통을 당하고 죽으심으로 우리가 구원받았습니다. 같은 원리로 구원받은 여러분이 대속으로 죽어야 잃어버린 영혼이 돌아옵니다. 여러분의 가족이, 친구가, 불신자들이 여러분의 자아를 죽이고 마음과 몸으로 물질로 섬길 때, 목숨까지 아끼지 않을 때 주께로 돌아옵니다.

　이상으로 여러분의 삶 속에서 적용할 대속의 의미를 세 가지로 살펴보았습니다. 그것을 다시 정리하면 대속이란 첫째, 남을 섬기는 것이며 둘째, 가난한 자에게 물질을 아끼지 않는 것이며 셋째, 남을 위해 자아도 죽고 실제로 몸도 죽는 것입니다.

　구원받은 사람이 죽을 때에만 다른 사람이 구원받습니다. 피 흘림이 없은 즉 사함이 없습니다. 이러한 대속의 원리를 항상 마음에 품고 부족한 자, 가난한 자, 믿지 않는 자를 대속하기 위하여 피 흘릴 수 있는 마음으로 살기를 예수 그리스도의 이름으로 축복합니다.

2
죽은 후의 심판

"한 번 죽는 것은 사람에게 정해진 것이요 그 후에는 심판이 있
으리니" (히브리서 9:27).

사람은 생명이 끝나는 즉시 그 영혼이 천국이나 지옥으로 갑니다.
죽는 순간 심판을 받는 것입니다. 그리고 천국으로 간 영혼은 주님
이 다시 오실 때에 몸이 부활하여 휴거를 합니다. 육체를 입고 다시
천국으로 가는 것입니다. 데살로니가전서 4장 16절, 17절을 보겠습
니다.

"주께서 호령과 천사장의 소리와 하나님의 나팔 소리로 친히 하늘로부
터 강림하시리니 그리스도 안에서 죽은 자들이 먼저 일어나고" "그 후에
우리 살아남은 자들도 그들과 함께 구름속으로 끌어 올려 공중에서 주를
영접하게 하시리니 그리하여 우리가 항상 주와 함께 있으리라" (살전
4:16-17).

이 구절은 구원받은 자들의 부활과 휴거에 대한 말씀입니다. 그리
스도 안에서 죽은 자들은 구원받은 영혼을 의미합니다. 구름속으로

끌어 올리는 것은 성도의 휴거를 의미합니다. 이 사람들은 첫째 부활에 참여하는 자들입니다. 요한계시록 20장 6절을 보겠습니다.

"이 첫째 부활에 참여하는 자들은 복이 있고 거룩하도다 둘째 사망이 그들을 다스리는 권세가 없고 도리어 그들이 하나님과 그리스도의 제사장이 되어 천년 동안 그리스도와 더불어 왕 노릇 하리라"(계 20:6).

첫째 부활에 참여한 자, 즉 그리스도 안에서 죽고 부활한 사람들은 지상에서 그리스도와 함께 천년 동안 세상을 다스리게 됩니다. 그러나 지옥으로 간 영혼은 천년이 더 지난 다음 천년왕국이 끝난 후에 몸이 부활하여 심판 받고 다시 지옥으로 갑니다. 이 때에는 몸을 입고 지옥으로 가는 것입니다. 이것을 둘째 사망이라고 합니다.
요한계시록 20장 5절을 보겠습니다.

"그 나머지 죽은 자들은 그 천년이 차기까지 살지 못하더라"(계 20:5).

여기서 그 나머지 죽은 자들은 구원받지 못한 사람들을 뜻합니다. 이들은 주님이 오실 때에 부활과 휴거가 일어나지 않습니다. 예수님이 천년 동안 이 땅에서 다스릴 때에도 그 영혼은 지옥에 있습니다.
요한계시록 20장 13절, 14절을 보겠습니다.

"바다가 그 가운데에서 죽은 자들을 내주고 또 사망과 음부도 그 가운데에서 죽은 자들을 내주며 각 사람이 자기의 행위대로 심판을 받고" "사망과 음부도 불못에 던져지니 이것은 둘째 사망 곧 불못이라"(계 20:13-14).

여기서 바다, 사망, 음부는 지옥을 뜻하는 것이며 죽은 자들을 내준다는 것은 이들의 몸이 부활한다는 것입니다. 이 때에는 천년왕국이 끝나고 사탄이 잠깐 풀려났다가 다시 유황불로 던져질 때입니다. 이 때에 지옥에 있는 영혼들이 부활하여 심판 받은 후 육체를 입고 다시 지옥으로 갑니다.

죽지 않는 사람은 없습니다. 본래 인간은 영생하도록 지어졌으나 아담의 죄로 인하여 죽을 수밖에 없는 운명입니다. 그리고 죽은 후에는 행한대로 심판 받습니다. 이것은 하나님의 섭리이고 하나님의 의로움을 나타내는 일입니다. 사랑의 하나님이 천국을 준비하고 의로우신 하나님이 지옥을 지었습니다.

세상도 범죄한 자는 감옥을 가는데 그것은 사회의 정의를 실현하는 것입니다. 마찬가지로 공의의 하나님은 타락한 천사인 마귀들과 마귀의 유혹을 따르는 인간들을 지옥으로 보냅니다. 하늘 나라의 정의를 실현하는 것입니다.

예수를 믿는 사람들 중에도 지옥을 믿지 않는 사람들이 있습니다. 그들은 사랑의 하나님이 어떻게 사람을 지옥으로 보내겠냐고 반문합니다. 이 사람들은 성경을 안 믿는 것입니다. 성경 전체에는 지옥이라는 단어와 스올, 음부, 무저갱 등 지옥을 의미하는 단어들이 모두 합하여 백 번 정도 언급되어 있습니다.

신약 성경에는 지옥이라는 단어가 열세 번 나옵니다. 그 중 열한 번이 예수님이 직접 말씀한 것입니다. 그 중 두 곳을 보겠습니다. 마태복음 5장 22절을 보겠습니다.

"나는 너희에게 이르노니 형제에게 노하는 자마다 심판을 받게 되고 형제를 대하여 라가라 하는 자는 공회에 잡혀가게 되고 미련한 놈이라 하는 자는 지옥 불에 들어가게 되리라" (마 5:22).

다음은 마태복음 23장 33절을 보겠습니다.

"뱀들아 독사의 새끼들아 너희가 어떻게 지옥의 판결을 피하겠느냐" (마 23:33).

이처럼 예수님이 직접 지옥이 있음을 여러 차례 말씀하였음에도 지옥을 믿지 않는 크리스천들이 있다면 그들은 예수를 거짓말쟁이로 만드는 것입니다. 지옥은 믿어도 있고 믿지 않아도 존재합니다. 그러므로 여러분이 지옥으로 갈 수 있다는 것도 싫든 좋든 사실입니다.

다음은 성경에서 묘사하는 지옥은 어떠한 곳인지에 대하여 나누겠습니다.

첫째, 꺼지지 않는 불이 있는 곳입니다. 마가복음 9장 4절을 보겠습니다.

"만일 네 손이 너를 범죄하게 하거든 찍어버리라 장애인으로 영생에 들어

가는 것이 두 손을 가지고 지옥 곧 꺼지지 않는 불에 들어가는 것보다는 나으니라"(막 9:4).

지옥을 가는 것은 영원히 불 속에 들어가 있다는 의미입니다. 인간이 느끼는 가장 큰 고통 중에 하나가 뜨거운 것이며 불에 타는 것입니다. 그런데 이러한 고통이 십 년도 아니고, 백 년도 아니고, 천 년도 아니고 영원히 지속됩니다.

둘째, 지옥은 물이 없는 곳입니다. 누가복음 16장 24절을 보겠습니다.

"불러 이르되 아버지 아브라함이여 나를 긍휼히 여기사 나사로를 보내어 그 손가락 끝에 물을 찍어 내 혀를 서늘하게 하소서 내가 이 불꽃 가운데서 괴로워 하나이다"(눅 16:24).

지옥을 간 부자가 목이 마르고 혀가 타는 고통 가운데 물을 구합니다. 지옥에는 물이 없으므로 천국에 간 거지 나사로를 시켜 물을 보내 달라고 애원합니다. 목이 타는 갈증도 뜨거움을 느끼는 것처럼 고통스러운 것입니다. 이것도 지옥에 간 사람은 영원히 겪어야 합니다.

셋째, 지옥은 구더기와 지렁이가 사람 몸을 덮는 곳입니다. 마가복음 9장 48절을 보겠습니다.

"거기에는 구더기도 죽지 않고 불도 꺼지지 아니하느니라"(막 9:48).

다음은 이사야 14장 11절을 보겠습니다.

"네 영화가 스올에 떨어졌음이여 네 비파 소리까지로다 구더기가 네 아래
에 깔림이여 지렁이가 너를 덮었도다" (사 14:11).

스올은 지옥을 뜻합니다. 어떤 사람들에게는 구더기나 지렁이가
불보다 더 무섭고 싫을 것입니다. 지옥은 이런 혐오스럽고 징그러운
것들도 죽지 않고 사람의 몸 위를 기어 다니며 괴롭히는 곳입니다. 그
런데 한두 마리가 아니라 온몸에 깔리고 온몸을 덮을 정도로 많습니
다. 이것도 지옥을 간 사람은 영원히 겪는 것입니다.

넷째, 지옥은 영원히 쉼이 없는 곳입니다. 요한계시록 14장 11절을
보겠습니다.

"그 고난의 연기가 세세토록 올라가리로다 짐승과 그의 우상에게 경배하
고 그의 이름 표를 받는 자는 누구든지 밤낮 쉼을 얻지 못하리라 하더라"
(계 14:11).

여기서 짐승과 그의 우상에게 경배하고 그 이름 표를 받은 사람은
지옥을 간 사람입니다. 이 사람들은 밤낮 쉼을 얻지 못합니다. 세상
에서는 노예로 살아도 주인이 쉬는 시간을 줍니다. 강제노역에 동원
되어도 정해진 휴식시간이 있습니다. 그러나 지옥에는 쉼이 없습니
다. 이것도 지옥을 간 사람은 영원히 겪는 것입니다.

다섯째, 지옥은 마귀가 있는 곳입니다. 요한계시록 20장 10절을

보겠습니다.

"또 그들을 미혹하는 마귀가 불과 유황 못에 던져지니 거기는 그 짐승과
거짓 선지자도 있어 세세토록 밤낮 괴로움을 받으리라" (계 20:10).

마태복음 25장 41절을 보겠습니다.

"또 왼편에 있는 자들에게 이르시되 저주를 받은 자들아 나를 떠나 마귀
와 그 사자들을 위하여 예비된 영원한 불에 들어가라" (마 25:41).

이 구절에는 마귀가 지옥으로 간다는 사실 외에 또 다른 중요한
포인트가 하나 있습니다. 그것은 지옥은 원래 마귀를 심판하기 위해
준비된 곳이라는 것입니다. 마귀와 그 사자들을 위하여 예비된 영원
한 불이라는 표현이 그것을 의미합니다.

마귀는 속이는 자이며, 살인하는 자이며, 거짓과 악행이 가득한 자
이며, 처음부터 범죄한 자이며, 용이며 뱀입니다. 지옥에 간 사람은
이들 마귀와 영원히 함께 지내야 합니다.

이상으로 살펴본 것처럼 지옥은 이 세상에서는 상상도 할 수 없을
정도로 큰 고통과 괴로움을 받는 곳입니다. 지옥은 원래 마귀를 위
하여 예비된 곳입니다. 그럼에도 많은 인간들이 지옥으로 가는 이유
는 하나님의 말씀을 따르지 않고 마귀의 유혹에 넘어가기 때문입니
다. 마귀를 따르는 자는 마귀가 가는 지옥으로 함께 끌려가는 것입
니다.

이 세상에서는 삶이 어렵고 고통스럽고 춥고 배고파도, 아무리 비참하고 슬픈 일을 당하면서 살더라도, 죽은 후에 지옥은 절대로 가지 말아야 합니다. 인생은 길어야 백 년입니다. 죽은 후의 영원함에 비하면 참으로 짧은 시간입니다. 잠시의 안락과 편안함을 영원한 고통과 바꿀 수 없습니다.

마태복음 10장 28절은 "몸은 죽여도 영혼은 능히 죽이지 못하는 자들을 두려워하지 말고 오직 몸과 영혼을 능히 지옥에 멸하실 수 있는 이를 두려워하라"고 말씀합니다. 믿음을 위하여는 목숨을 아깝게 여기지 말라는 것입니다. 마지막 때에 믿음과 목숨 중에 하나를 선택해야 할 환난과 핍박이 올 것입니다. 그 때를 위하여도 이 말씀을 기억하고 지옥을 기억해야 할 것입니다.

지금까지는 지옥이 어떠한 곳이며 절대로 가지 말아야 한다는 것에 대하여 나누었습니다. 다음은 어떤 사람들이 지옥을 가는 지에 대하여 구체적으로 살펴보겠습니다.

첫째, 예수를 믿지 않는 사람은 지옥 갑니다. 요한복음 14장 6절을 보겠습니다.

"예수께서 이르시되 내가 곧 길이요 진리요 생명이니 나로 말미암지 않고는 아버지께로 올 자가 없느니라" (요 14:6).

아버지께로 가지 못한다는 것은 아버지가 없는 곳인 지옥으로 간다는 것입니다. 사도행전 4장 12절 보겠습니다.

"다른 이로써는 구원을 받을 수 없나니 천하 사람 중에 구원을 받을 만한
다른 이름을 우리에게 주신 일이 없음이라 하였더라" (행 4:12).

여기서 다른 이름은 예수 그리스도 외의 다른 이름입니다. 그리스
도를 믿지 않으면 구원받지 못한다는 것이며 구원받지 못한다는 것
은 지옥을 간다는 뜻입니다.

둘째, 예수를 구주로 믿는다고 고백하여도 회개하지 않으면 지옥
에 갑니다. 로마서 2장 5절을 보겠습니다.

"다만 네 고집과 회개하지 아니한 마음을 따라 진노의 날 곧 하나님의 의
로우신 심판이 나타나는 그 날에 임할 진노를 네게 쌓는도다" (롬 2:5).

회개하지 않으면 하나님이 심판하는 날 진노합니다. 하나님이 진
노하여 심판한다는 것은 그 영혼을 지옥으로 보낸다는 말씀입니다.
그러므로 지옥을 가지 않기 위하여는 반드시 회개해야 합니다.

예수님이 사역을 시작할 때 첫 설교가 회개하라 였습니다. 주님의
길을 준비하기 위하여 부름을 받은 세례 요한도 회개하라는 외침으
로 사역을 시작하였습니다. 왜냐하면 회개하지 않으면 지옥을 가기
때문입니다.

누가복음 13장 3절을 보겠습니다.

"너희에게 이르노니 아니라 너희도 만일 회개하지 아니하면 다 이와 같이
망하리라" (눅 13:3).

사고로 망대가 무너져 치어 죽은 사람에 대한 말씀입니다. 여기서 망한다는 것은 단순히 목숨을 잃은 것을 뜻하는 것이 아닙니다. 죽어서 그 영혼이 지옥을 갔다는 것입니다. 이 구절도 회개하지 않은 사람은 지옥 간다는 것을 말씀합니다.

다음은 요한계시록 21장 8절을 보겠습니다.

"그러나 두려워하는 자들과 믿지 아니하는 자들과 흉악한 자들과 살인자들과 음행하는 자들과 점술가들과 우상숭배 자들과 거짓말하는 모든 자들은 불과 유황으로 타는 못에 던져지리니 이것이 둘째 사망이라"(계 21:8).

여기에는 지옥 가는 사람들의 여러 부류가 있습니다. 둘째 사망이란 육체를 입고 지옥으로 가는 것을 의미합니다. 그런데 여기서 유의하여 해석할 것은 이들은 모두 믿는 자들이라는 사실입니다. 그렇게 해석하여야 하는 이유는 소개된 여러 부류들 중에서 믿지 않는 자들은 한 부류로 이미 구분해 놓았기 때문입니다.

믿지 않는 자들은 그들이 어떠한 더 악한 일을 하든지 선한 일을 하든지 상관없이 지옥으로 갑니다. 그러므로 위의 여러 부류의 사람들은 모두 예수를 주로 시인하고 믿는 자들입니다.

예수를 믿으나 두려워하며, 예수를 믿으면서 흉악한 일을 하고, 예수를 주로 부르면서 살인과 음행을 하고, 예수가 우리를 위하여 십자가에 못 박힌 것을 믿으면서 돈과 세상의 것을 우상으로 섬기고, 예수를 입으로 찬양하면서 같은 입으로 거짓말 하는 사람들입니다.

이 중에서 세 부류만 더 자세히 풀어 보겠습니다.

첫째, 살인자들에 대하여 살펴보겠습니다. 성경은 실제로 사람을 죽이는 살인 외에 또 다른 살인에 대하여 말씀합니다. 그것은 사람을 미워하는 것입니다. 성경은 사람을 미워하는 것이 살인이라고 말씀합니다. 사람을 미워하는 것이 살인하는 것만큼 나쁘다고 말하지 않았습니다. 미워하는 것은 살인하는 것과 똑같은 죄라는 것입니다. 그러므로 살인자의 부류에는 사람을 미워하고 용서하지 않은 모든 사람들이 포함됩니다.

둘째, 음행하는 자들에 대해 살펴보겠습니다. 예수님은 마음으로 음욕을 품는 것도 간음이라고 하였습니다. 음란한 생각이 실제 간음처럼 나쁘다고 말하지 않았습니다. 음심만 품어도 간음과 똑같은 죄를 짓는 것이라고 말씀하였습니다. 그러므로 음행을 하는 부류에는 음란한 것을 마음으로 생각하는 모든 사람들이 포함됩니다. 음란 동영상을 보는 사람도 이에 해당합니다.

셋째, 우상숭배자들에 대해서 살펴보겠습니다. 우상은 하나님 외에 사랑하는 모든 세상적인 것이 포함됩니다. 예수를 믿으면서 돌이나 나무에 절하는 사람은 없을 것입니다. 현대의 가장 큰 우상은 돈입니다. 돈을 사랑하는 것이 우상숭배입니다. 재물을 모으는 것이 우상숭배입니다. 돈이 없으면 불안한 것은 돈이라는 우상을 섬기기 때문입니다.

또 다른 현대의 우상은 스포츠와 운동 선수들이며 연예인들입니다. 그들의 게임과 영화와 음악에 심취하여 기뻐하고 그들의 팬이 되는 것이 우상 숭배입니다. 요한계시록 21장 8절은 이런 모든 자들이 지옥을 간다고 말씀합니다.

다음은 고린도전서 6장 9절, 10절을 보겠습니다.

"불의한 자가 하나님의 나라를 유업으로 받지 못할 줄을 알지 못하느냐 미혹을 받지 말라 음행하는 자나 우상 숭배하는 자나 간음하는 자나 탐색하는 자나 남색하는 자나" "도적이나 탐욕을 부리는 자나 술 취하는 자나 모욕하는 자나 속여 빼앗는 자들은 하나님의 나라를 유업으로 받지 못하리라" (고전 6:9-10).

이 구절은 하나님의 나라를 유업으로 받지 못하는 자들의 명단입니다. 하나님의 나라를 유업으로 받지 못한다는 것은 지옥으로 간다는 의미입니다. 이 중에서 요한계시록 21장 8절과 중복되지 않는 것만 살펴보겠습니다.

첫째, 남색하는 자입니다. 남색은 동성연애, 동성결혼을 의미합니다. 이것은 죄입니다. 세상은 이것을 적법한 것으로 규정하고 오히려 이것을 죄라고 지적하는 것을 불법으로 규정합니다. 그러나 세상의 법이 하나님의 법을 바꾸지 못합니다. 동성연애, 동성결혼은 악한 것이며 여호와께 범죄하는 것이므로 돌아서지 않으면 지옥 갑니다.

둘째, 탐욕을 부리는 자입니다. 탐욕은 돈과 음식과 의복과 자동차와 집 등 물질과 관련한 욕심을 의미합니다. 이러한 탐심은 우상숭배이며 우상숭배 하면 지옥 갑니다.

셋째, 술 취하는 자입니다. 세상이 말하는 술에 취한다는 기준은 주관적입니다. 그래서 상대방은 취했다고 하는데 본인은 취하지 않았다고 말합니다. 어떤 경우는 반대의 상황이 벌어집니다. 그러나 성경에서 말하는 술 취하지 말라는 것은 이러한 의미로 술 취한 것을 판단하는 것이 아닙니다.

성경에서 술 취하지 말라는 것은 술을 즐기지 말라는 것입니다. 기분을 좋게 하려고 술을 마시지 말라는 것입니다. 술을 습관적으로 마시는 것이 술을 즐기는 것이며, 술 취한 것이며, 방탕한 것이며, 죄를 짓는 것입니다.

술이 몸에 들어가면 정상적인 생각, 건강한 생각이 방해 받고 죄된 생각이 술과 함께 들어옵니다. 그러므로 술을 멀리 하지 않으면 술 취하게 되고 술이 사람을 지옥으로 데려갑니다.

넷째, 속여 빼앗는 자입니다. 속여 빼앗는 것은 고의로 거짓말을 하여 이득을 취한다는 의미입니다. 정해진 세금을 내지 않는 것, 최저 임금 이하로 지급하는 것, 초과 근무 수당을 지급하지 않는 것도 속여 빼앗는 것입니다. 믿는 사람들은 이런 문제가 사소한 일이 아니며 구원과 관련된 중요한 문제입니다. 세금을 정직하게 내지 않으면, 법대로 임금을 지급하지 않으면 하나님의 나라를 유업으로 이어받지 못합니다.

이상으로 성경이 말씀하는 지옥 가는 사람들을 죄 별로 살펴보았습니다. 여기에 언급된 것 외에도 지옥 갈 종류의 죄는 많이 있습니다. 여기에서 살펴본 것들은 그 중에서 사람들이 가장 많이 범하는 죄, 쉽게 짓는 죄 등에 관한 것입니다.

지옥은 존재합니다. 지금 이 순간에도 예수를 믿지 않는 사람들, 예수를 믿으나 회개하지 않은 사람들, 하나님을 아버지라 부르면서도 거룩한 삶을 살지 않는 많은 영혼들이 지옥의 유황불로 떨어지고 있습니다. 여러분은 이러한 죄에서 돌이켜 회개할 기회가 있다는 것, 아직 호흡이 붙어 있다는 사실에 대해 하나님께 감사하십시오.

하나님은 지옥의 불 위에 있는 여러분을 긍휼의 팔로 붙잡고 있습니다. 여러분은 하나님의 오래 참으심으로 아직도 지옥으로 떨어지지 않고 있습니다. 오늘 밤에, 아니 조금 후라도 여러분의 영혼이 어떻게 될지 누가 알겠습니까? 생명이 끝나면 돌이킬 수 없습니다. 그러니 여러분은 지금 이 순간 모든 죄를 샅샅이 찾아서 회개하십시오.

회개는 선지자 나단으로부터 죄를 지적 받은 다윗처럼 그 자리에서 하는 것입니다. 삭개오처럼 즉각 회개하고 그에 합당한 열매를 맺는 것입니다. 부자 관리처럼 근심하며 돌아가면 회개가 어렵습니다. 미루다가 회개를 못한 채 생명이 끝날 수 있습니다.

한 번 죽는 것은 사람에게 정해진 것이요 그 후에는 심판이 있습니다. 그러므로 설교를 듣는 지금 이 순간부터 육체와 영혼을 모두 지옥에 멸하실 수 있는 하나님을 두려워하며 모든 죄에서 돌이키고 회개하여 거룩한 삶을 살기를 그리스도 예수의 이름으로 축복합니다.

3
말세에 돌아서야 할
사람들

"너는 이것을 알라 말세에 고통하는 때가 이르러" "사람들이 자기를 사랑하며 돈을 사랑하며 자랑하며 교만하며 비방하며 부모를 거역하며 감사하지 아니하며 거룩하지 아니하며" "무정하며 원통함을 풀지 아니하며 모함하며 절제하지 못하며 사나우며 선한 것을 좋아하지 아니하며" "배신하며 조급하며 자만하며 쾌락을 사랑하기를 하나님 사랑하는 것보다 더하며" "경건의 모양은 있으나 경건의 능력은 부인하니 이같은 자들에게서 네가 돌아서라" "그들 중에 남의 집에 가만히 들어가 어리석은 여자를 유인하는 자들이 있으니 그 여자는 죄를 중히 지고 여러 가지 욕심에 끌린 바 되어" "항상 배우나 끝내 진리의 지식에 이를 수 없느니라"(디모데후서 3:1-7).

본문 구절은 말세의 징조에 대하여 말씀합니다. 말세에 살기가 어려워지면서 사람들이 점점 악해지는 데 무려 열 아홉 가지의 증상을 보여줍니다. 바울이 디모데 목사에게 이러한 말세의 징조를 보이는 사람들로부터 돌아서라고 당부하였습니다. 상종하지 말고 돌아서야 할 열 아홉 부류의 사람들을 살펴보겠습니다.

첫째, 자기를 사랑하는 사람입니다. 자기를 사랑한다는 것은 이기적인 것입니다. 이러한 사람은 탐심이 있습니다. 육체의 정욕을 쫓아갑니다. 이생의 자랑을 합니다. 이웃을 사랑하지 않습니다. 하나님을 사랑하지 않습니다. 모든 죄는 자기를 사랑하는 데서 비롯됩니다. 그러므로 자기를 사랑하는 사람은 죄를 짓는데 빠릅니다. 성경은 이러한 사람으로부터 돌아서라고 말씀합니다.

둘째, 돈을 사랑하는 사람입니다. 돈을 사랑하는 것은 일만 악의 뿌리입니다. 돈을 사랑하면 미혹 받게 됩니다. 돈을 사랑하여 부하려는 자들은 결국 파멸과 멸망에 빠지게 됩니다. 멸망하는 사람과 상종하면 함께 멸망합니다. 그러므로 성경은 이러한 사람으로부터 돌아서라고 명령합니다.

셋째, 자랑하는 사람입니다. 부유함을 자랑하는 사람, 학식과 학력을 자랑하는 사람, 지위를 자랑하는 사람, 능력을 자랑하는 사람, 외모를 자랑하는 사람, 자녀를 자랑하는 사람들이 있습니다. 이러한 자랑은 허탄한 것입니다. 자랑하는 자는 오직 주 안에서 자랑하고 하나님을 자랑하고 자신의 약한 것을 자랑해야 합니다. 성경은 자랑하는 사람들로부터 돌아서라고 말씀합니다.

넷째, 교만한 사람입니다. 교만한 자는 순종하지 않으며 자신의 소견에 옳은 대로 행합니다. 다툼을 일으킵니다. 무례합니다. 의인을 대적합니다. 힘 없는 자를 압제합니다. 하나님은 교만한 자를 미워하며 대적합니다. 그러므로 성경은 이러한 자들로부터 멀리하라고 말씀합니다.

다섯째, 비방하는 사람입니다. 비방은 악의적으로 비난하는 것입니다. 비방하는 자는 이웃을 미워합니다. 남에게 누명을 씌웁니다.

시기합니다. 이간질 합니다. 부모를 비방하면 죽임 당했습니다. 비방은 사형에 처해지는 죄입니다. 그러므로 성경은 이러한 자들로부터 돌아서라고 말씀합니다.

여섯째, 부모를 거역하는 자입니다. 부모를 공경하는 것은 다섯 번째 계명으로 살인하지 말라는 여섯째 계명보다 더 큰 계명입니다. 그러므로 부모에게 순종해야 합니다. 아버지를 즐겁게 하고 어머니를 기쁘게 해야 합니다. 부모를 경홀히 여기는 자는 저주를 받습니다. 부모에게 완악하고 패역한 아들은 돌로 쳐 죽임을 당합니다. 그러므로 성경은 이러한 자들로부터 돌아서라고 말씀합니다.

일곱째, 감사하지 않는 사람입니다. 하나님의 은혜를 입은 사람은 하나님께 감사합니다. 하나님이 기뻐하는 제사는 감사의 제사입니다. 기도에 감사함으로 깨어 있고, 감사함으로 주께 아뢰고, 감사 찬송을 올려야 합니다. 하나님께 감사하지 않는 사람은 패역한 사람입니다. 은혜를 입은 사람에게 감사하지 않으면 신의가 없는 사람입니다. 감사가 없는 사람은 불평합니다. 만족을 모릅니다. 성경은 이러한 사람들로부터 돌아서라고 말씀합니다.

여덟째, 거룩하지 않은 사람입니다. 거룩하지 않다는 것은 경건하지 않다는 것이며 의롭지 않다는 것입니다. 이러한 자는 마음과 생각과 행동이 하나님의 말씀을 거스릅니다. 세상을 사랑합니다. 믿지 않는 자와 함께 합니다. 성경은 이처럼 거룩하지 않은 사람들로부터 돌아서라고 말씀합니다.

아홉째, 무정한 사람입니다. 정이 없다는 것은 냉정하다는 의미입니다. 이런 사람은 사랑이 없습니다. 어려움에 처한 자나 가난한 자를 돕지 않습니다. 너그럽지 않습니다. 남을 긍휼히 여기는 마음이 없습니다. 성경은 이러한 사람들로부터 돌아서라고 말씀합니다.

열째, 원통함을 풀지 않는 사람입니다. 원통함을 풀지 않는 것은 남을 용서하지 않는 것입니다. 이런 자는 사람을 미워합니다. 증오합니다. 저주합니다. 원수로 여깁니다. 이러한 것은 살인죄와 같습니다. 성경은 이러한 사람들로부터 돌아서라고 말씀합니다.

열한째, 모함하는 사람입니다. 모함은 나쁜 꾀로 남을 어려운 처지에 빠지게 하는 것입니다. 이러한 자는 마음에 악독과 분노가 가득합니다. 자신의 탐욕을 위해 거짓말 합니다. 살인도 합니다. 이러한 사람들로부터 돌아서십시오.

열두째, 절제하지 못하는 사람입니다. 절제는 성령의 열매 여덟 가지 중 마지막 열매입니다. 절제의 열매를 맺지 못한다면 그 상위의 여러가지 성령의 열매를 맺을 수 없습니다. 욕심을 절제하지 못하는 사람, 감정을 절제하지 못하는 사람, 모든 생활에 절제가 없는 사람들로부터 돌아서십시오.

열 셋째, 사나운 사람입니다. 사납다는 표현은 주로 동물을 수식하는 단어입니다. 그러므로 사람이 사납다고 하는 것은 마치 사람이 짐승과 같다는 의미입니다. 행동이 격하고 사나운 사람은 그 본성에 악함이 있기 때문입니다. 짐승 같은 잔혹함이 있기 때문입니다. 말을 거칠게 하고 혈기를 심하게 부리는 사람, 행동이 폭력적인 사람은 사나운 사람들입니다. 성경은 이러한 사람들로부터 돌아서라고 말씀합니다.

열 넷째, 선한 것을 좋아하지 않는 사람입니다. 보통의 사람은 선과 악을 구별하며 선한 것을 좋아하고 악한 것을 미워합니다. 그러나 그렇지 않은 사람들도 있습니다. 한국 정치에도 그러한 일이 있습니다. 12가지의 죄목으로 구속된 사람을 좋게 여기고 범죄를 수사하는 사람들을 좋아하지 않습니다. 선한 것을 좋아하지 않는 이유는 자신의 본성이 악하기 때문에 그런 것입니다. 성경은 이러한 사람들로부터 돌아서라고 말씀합니다.

열 다섯째, 배신하는 사람입니다. 하나님은 신의를 지키는 것을 매우 중요하게 여깁니다. 은혜를 입은 사람에게 등을 돌리거나 돌을 던지는 자는 보응 받게 합니다. 다윗이 아들 압살롬의 쿠데타로 도망을 할 때에 다윗의 신하였던 시므이가 압살롬 편에서 다윗을 저주하였습니다. 시므이는 이에 대한 벌로 솔로몬에게 죽임 당했습니다. 하나님은 신의를 저버리고 배신하는 것을 몹시 미워합니다. 배신하는 사람들로부터 돌아서십시오.

열 여섯째, 조급해 하는 사람입니다. 조급해 한다는 것은 무모하고 경솔하게 급히 행동하는 것입니다. 이런 사람은 참을 성이 없습니다. 지혜가 없습니다. 항상 일을 그르칩니다. 이처럼 성격 급하고 경솔한 사람들로부터 돌아서십시오.

열 일곱째, 자만한 사람입니다. 자만한 사람은 교만하여 자신을 남보다 낫게 여깁니다. 남을 얕봅니다. 남을 무시합니다. 자기 자랑을 합니다. 자아를 부인하지 않습니다. 희생하지 않습니다. 회개하지 않습니다. 성경은 이러한 사람들로부터 돌아서라고 말씀합니다.

열 여덟째, 하나님보다 쾌락을 더 사랑하는 사람입니다. 이들은 고급 옷, 고급 차, 큰 집, 값비싼 물건, 값비싼 여행을 좋아합니다. 술,

담배, 오락, 세상 취미를 즐깁니다. 이것은 하나님보다 쾌락을 더 사랑하는 것입니다. 성경은 이러한 삶을 사는 사람들로부터 돌아서라고 말씀합니다.

열 아홉째, 경건의 모양만 있고 경건의 능력이 없는 사람입니다. 이런 사람은 위선적인 종교인들입니다. 옛날의 바리새인이나 서기관들이 이러한 사람들입니다. 형식적인 신앙생활을 하는 많은 한국의 목사와 교인들도 이에 해당합니다. 모양은 경건하게 예배를 드리나 삶은 거룩하지 않습니다. 성령의 능력은 찾아볼 수 없습니다. 성경은 이러한 사람들로부터 돌아서라고 말씀합니다.

이상으로 돌아서야 할 사람들에 대하여 살펴보았습니다. 참으로 그 종류가 많습니다. 지금까지 살펴본 열 아홉 부류에 해당이 되지 않는 사람이 얼마나 되겠습니까? 말세인 지금은 함께 할 수 있는 사람이 그리 많지 않습니다.

지금까지 살펴본 돌아서야 할 사람들을 한 마디로 표현하면 거룩하지 않은 사람들입니다. 본문은 거룩하지 않은 사람들의 부류를 나열하고 그들에게서 분리되라고 말씀합니다. 하나님은 거룩한 자들과 거룩하지 않은 자들, 믿는 자들과 믿지 않는 자들을 매우 엄격하게 구분합니다.

고린도후서 6장 14절에서 17절까지를 보겠습니다.

"너희는 믿지 않는 자와 멍에를 함께 메지 말라 의와 불법이 어찌 함께 하며 빛과 어둠이 어찌 사귀며" "그리스도와 벨리알이 어찌 조화되며 믿는 자와 믿지 않는 자가 어찌 상관하며" "하나님의 성전과 우상이 어찌 일치가 되리요 우리는 살아 계신 하나님의 성전이라 이와 같이 하나님께서 이르시되 내가 그들 가운데 거하며 두루 행하여 나는 그들의 하나님이 되고 그들은 나의 백성이 되리라" "그러므로 너희는 그들 중에서 나와서 따로 있고 부정한 것을 만지지 말라 내가 너희를 영접하여" (고후 6:14-17).

믿는 자는 의이고 빛이고 그리스도이고 하나님의 성전입니다. 믿지 않는 자는 불법이고 어둠이고 벨리알이고 우상입니다. 믿는 자와 믿지 않는 자는 이처럼 극명하게 대조가 되는 존재입니다. 믿지 않는 자들과 함께하는 것을 부정한 것을 만지는 것으로 비유합니다. 그러므로 그들 중에서 나와 따로 있으라고 합니다. 그러할 때에 하나님이 우리를 영접합니다.

하나님이 믿는 자와 믿지 않는 자를 구분하는 이유는 믿는 자는 거룩하고 믿지 않는 자들은 거룩하지 않기 때문입니다. 거룩한 것은 거룩하지 않은 것과 함께 하지 못합니다. 거룩은 기도를 많이 하고 성경을 열심히 읽는 것을 의미하지 않습니다.

거룩한 사람은 성경 묵상과 기도를 성실히 하겠지만 그 자체가 거룩은 아닙니다. 거룩은 히브리어로 "콰도시"라고 하는데 "구별되다"는 의미입니다. 거룩은 세상과 분리 되는 것입니다. 거룩은 깨끗하지 않은 것, 의롭지 않은 것과 구별되는 것입니다.

그러므로 믿음 생활에서도 가장 중요한 부분이 본문에서 보여준 열 아홉 부류의 사람들로부터 분리되는 것입니다. 내가 거룩하니 너희도 거룩하라는 말씀의 의미는 바로 이것입니다.

본문 말씀은 바울이 목회자인 디모데에게 보낸 서신입니다. 그렇다면 여기서 지적한 사람들은 세상 사람들이 아니라 교회 안의 사람들입니다. 디모데는 목사이므로 세상 사람들과 당연히 어울리지 않을 것입니다. 교회 밖의 사람들에게도 해당되는 말씀이지만 교회 안의 사람들에게 집중된 말씀입니다.

바울은 목회자인 디모데에게 이러한 거룩하지 않은 교인들에게서 돌아서라고 당부한 것입니다. 그렇다면 목사가 교인에게서 분리된다는 것은 무슨 의미이겠습니까? 거룩하지 않은 교인들을 출교하라는 의미입니다. 사랑으로 훈계하고 권하고 책망하여도 듣지 않을 때 교회를 떠나게 하라는 것입니다.

고린도전서 5장 1절에서 6절까지를 보겠습니다.

"너희 중에 심지어 음행이 있다 함을 들으니 그런 음행은 이방인 중에서도 없는 것이라 누가 그 아버지의 아내를 취하였다 하는도다" "그리하고도 너희가 오히려 교만하여져서 어찌하여 통한히 여기지 아니하고 그 일행한 자를 너희 중에서 쫓아내지 아니하였느냐" "내가 실로 몸으로는 떠나 있으나 영으로는 함께 있어서 거기 있는 것 같이 이런 일 행한 자를 이미 판단하였노라" "주 예수의 이름으로 너희가 내 영과 함께 모여서 우리 주 예수의 능력으로" "이런 자를 사탄에게 내주었으니 이는 육신은 멸하고 영은 주 예수의 날에 구원을 받게 하려 함이라" "너희가 자랑하는 것이 옳지 아니하도다 적은 누룩이 온 덩어리에 퍼지는 것을 알지 못하느냐" (고전 5:1-6).

이 구절은 음행을 한 교인을 교회에서 쫓아내지 않은 것을 책망하는 말씀입니다. 교인이 죄를 지을 수 있으나 회개하지 않으면 그 죄의 경중을 따져 징계해야 합니다. 그 징계 중의 하나가 출교입니다. 출교를 시키는 이유도 궁극적으로는 그 영혼을 구원하기 위한 일입니다.

이런 자를 사탄에게 내주었다는 것은 교회 밖으로 쫓아낸 것을 의미합니다. 교회 안에 속하지 않은 사람을 사탄에게 몸을 내준 사람으로 표현한 것입니다. 육신은 사탄에게 주어지더라도 영혼은 구원받을 기회를 갖게 하도록 출교 시키는 것입니다. 출교의 징계는 회개할 기회를 주는 것입니다. 회개를 하면 다시 교회에서 사랑으로 받아주어야 합니다.

죄를 짓고 회개하지 않는 교인을 교회 안에 용납하지 않아야 할 또 다른 이유가 있습니다. 그것은 지금 인용한 말씀의 마지막 구절인 고린도전서 5장 6절입니다.

"너희가 자랑하는 것이 옳지 아니하도다 적은 누룩이 온 덩어리에 퍼지는 것을 알지 못하느냐" (고전 5:6).

적은 누룩이 온 덩어리에 퍼진다는 것은 교회 안의 죄를 속히 제거하지 않을 경우 교회 안에 죄가 만연해진다는 의미입니다. 다른 교인들에게 나쁜 영향을 주므로 죄 중에 빠진 자는 출교 시켜야 합니다.

본문 말씀은 출교 시켜야 할 대상에 대하여 바울이 디모데에게 가르친 것입니다. 출교의 대상을 매우 상세하고 구체적으로 적시를 해놓았고 매우 엄격한 것을 알 수 있습니다. 그 이유는 누룩처럼 퍼져

가는 교회 안의 죄를 예방하기 위한 것입니다. 말세가 가까울수록 더욱 엄격한 믿음 생활이 요구 되는 것입니다.

본문 말씀 중 교회 안의 이러한 자들이 행하는 악을 살펴보겠습니다. 디모데후서 3장 6절, 7절을 보겠습니다.

"그들 중에 남의 집에 가만히 들어가 어리석은 여자를 유인하는 자들이 있으니 그 여자는 죄를 중히 지고 여러 가지 욕심에 끌린 바 되어" "항상 배우나 끝내 진리의 지식에 이를 수 없느니라" (딤후 3:6-7).

여기서 그들은 이미 살펴본 열 아홉 부류의 사람들입니다. 이들이 남의 집에 들어가 여인들을 유혹한다고 합니다. 여기서의 남의 집은 전혀 모르는 사람의 집이 아닙니다. 모르는 집에 들어가서 여자를 유인할 수는 없을 것입니다. 여기서 남의 집은 같은 교인의 집을 의미하는 것입니다.

같은 교인이 방문을 해서 여자 교인을 유혹하는 것입니다. 유혹에 넘어가는 여자 교인도 문제가 있다고 지적합니다. 회개하지 않은 죄를 갖고 있거나 욕심에 끌리면 결국 유혹하고 유혹당합니다. 이러한 사건이 바로 적은 누룩이 온 덩어리에 퍼지는 것입니다. 이러한 일이 발생할 수 있으므로 죄를 짓고 회개하지 않는 교인들을 교회에서 가능한 빨리 솎아 내야하는 것입니다.

하나님이 교회 안의 죄를 제거하는 방법은 크게 두 가지입니다. 하나는 조금 전에 설명한 것과 같은 출교의 방법입니다. 다른 하나는 스스로 교회를 떠나게 하는 방법입니다. 디모데후서 1장 15절을 보겠습니다.

"아시아에 있는 모든 사람이 나를 버린 이 일을 네가 아나니 그 중에는 부겔로와 허모게네도 있느니라" (딤후 1:15).

다음은 디모데후서 4장 10절과 16절을 보겠습니다.

"데마는 이 세상을 사랑하여 나를 버리고 데살로니가로 갔고 그레스게는 갈라디아로, 디도는 달마디아로 갔고" (딤후 4:10).
"내가 처음 변명할 때에 나와 함께 한 자가 하나도 없고 다 나를 버렸으나 그들에게 허물을 돌리지 않기를 원하노라" (딤후 4:16).

이상의 세 구절의 공통점은 바울에게 가르침을 받던 사람들이 떠났다는 내용입니다. 그렇다면 이들은 왜 바울을 떠난 것일까요? 세 구절 중 한 곳은 그 이유를 보여주고 있습니다. 데마가 바울을 떠난 이유는 세상을 사랑했기 때문이라고 합니다. 그러나 데마도 한 때는 바울의 충실한 동역자였습니다.
빌레몬서 1장 24절과 골로새서 4장 14절을 보겠습니다.

"또한 나의 동역자 마가, 아리스다고, 데마, 누가가 문안하느니라" (빌 1:24).
"사랑을 받는 의사 누가와 또 데마가 너희에게 문안하느니라" (골 4:14).

한 때는 바울의 충실한 동역자였던 데마가 바울을 떠난 이유는 세상을 사랑하였기 때문입니다. 바울은 하나님의 말씀에 대하여 매우 엄격하고 철저합니다. 아마도 바울의 제자들 중에는 그의 가르침은 훌륭하여도 따라가기가 어려우므로 떠난 사람들이 많았을 것입니다. 이들은 출교 당하지 않고 스스로 떠난 경우입니다.

주의 종의 가르침이 버거울 때 사람들은 떠납니다. 배운 대로 삶이 바뀌지 않으면 결국에는 떠납니다. 이러한 자들은 주의 종의 사역에 방해가 되지 않게 하기 위하여 하나님이 떠나게 합니다.

요한복음 6장 66절, 67절을 보겠습니다.

"그 때부터 그의 제자 중에서 많은 사람이 떠나가고 다시 그와 함께 다니지 아니하더라" "예수께서 열두 제자에게 이르시되 너희도 가려느냐" (요 6:66-67).

예수님이 죽은 자를 살리고 떡 다섯 개와 물고기 두 마리로 수천 명을 먹이는 등 기적을 일으킬 때에 많은 사람들이 예수님을 따랐습니다. 그러나 이 구절의 말씀은 많은 사람이 예수님을 떠났고 합니다. 그리고 열 두 제자만 남았습니다. 그 이유가 무엇일까요? 요한복음 6장 63절을 보겠습니다.

"살리는 것은 영이니 육은 무익하니라 내가 너희에게 이른 말은 영이요 생명이라" (요 6:63).

예수님을 따르던 많은 사람들이 떠난 이유는 바로 이 설교 때문이었습니다. 군중들은 그동안 예수님이 병을 고치고 문둥병자를 깨끗하게 하고 죽은 자를 살리고 오병이어의 기적을 일으키는 것을 보고 따랐습니다. 육적인 유익을 보고 추종한 것입니다.

그러나 예수님이 "살리는 것은 영이요 육은 무익하다고" 설교하자 실망하고 떠난 것입니다. 육적인 것을 소망하는 사람은 영적인 것에 관심이 없고 유익한 것을 깨닫지도 못합니다. 그러므로 육에 속한 사람들은 영적인 설교를 하면 떠나고 맙니다.

이상으로 바울과 예수님의 예를 들어 사람들이 영적인 교사를 떠나는 이유에 대하여 살펴보았습니다. 이와 마찬가지로 교회 안에도 설교자가 매우 엄격하게 하나님의 말씀을 풀고 적용하거나 영적인 깊이 있는 설교를 할 때에 교인들이 떠납니다.

이들은 자신의 삶이 가르침에 부합하지 못할 때에 갈등하다가 결국은 떠납니다. 이들은 데마입니다. 이처럼 엄격한 가르침과 영적인 설교를 통하여 죄 중에 있는 사람들이 스스로 교회를 떠나게 하는 것은 교회 안의 죄를 허락하지 않는 하나님의 또 다른 방법입니다. 출교 시키지 않고 내보내는 것입니다.

이러한 사람들도 성경을 배웁니다. 항상 배우지만 결코 진리에 이르는 지식을 얻지 못합니다. 왜냐하면 이들은 열 아홉 부류 중에 속한 자들이기 때문입니다. 거룩하지 않기 때문입니다. 욕심에 끌리어 죄를 짓기 때문입니다.

여러분 스스로 이러한 부류에 속하지 않았는지 살펴보십시오. 그러한 죄가 있다면 돌이켜 회개하십시오. 그리고 교회 안에 이러한 사람들이 있다면 그들에게서 돌아서십시오. 그들과 구별 되십시오. 말세에 이와 같은 자들에게서 돌아서지 않으면 구원받지 못합니다.

영혼을 살리는 설교 6

II
부부의 구원

---

4. 둘이 한 육체가 되는 비밀

5. 부부가 함께 들림 받으려면

6. 배우자가 이혼을 원할 때에 이혼하라

4

둘이 한 육체가 되는 비밀

"여호와 하나님이 아담에게 취하신 그 갈빗대로 여자를 만드시
고 그를 아담에게로 이끌어 오시니" "아담이 이르되 이는 내 뼈
중의 뼈요 살 중의 살이라 이것을 남자에게서 취하였은즉 여자
라 부르리라 하니라" "이르므로 남자가 부모를 떠나 그의 아내
와 합하여 둘이 한 몸을 이룰지로다" (창세기 2:22-24).
"그러므로 사람이 부모를 떠나 그의 아내와 합하여 그 둘이 한
육체가 될지니" "이 비밀이 크도다 나는 그리스도와 교회에 대
하여 말하노라" (에베소서 5:31-32).

남녀가 서로 사랑하면 결혼합니다. 결혼하면 행복합니다. 정신적
인 만족과 육체적인 기쁨을 느낍니다. 자녀를 낳고 양육하며 즐거운
가정을 이루어 갑니다. 이처럼 사랑하는 남녀가 동거하며 가정을 이
룰 수 있는 것은 하나님이 인간에게 준 복 중의 하나입니다.

결혼의 예식은 많은 사람들의 축복을 받으며 치루어 집니다. 신랑
과 신부는 가족과 친지들을 초대하고 잔치를 벌입니다. 초대 받은
하객들도 신랑, 신부와 함께 기쁨을 나누며 결혼을 축하합니다.

그러나 천국에는 사람들이 시집가고 장가 가는 일이 없습니다. 하
나님은 이 땅의 인간들도 천국처럼 결혼하지 않고 살도록 섭리할 수

도 있었을 것입니다. 그러나 하나님은 남자를 창조한 후 다시 여자를 지어서 함께 부부로 살게 하였습니다. 그렇다면 하나님이 반드시 남녀가 함께 살도록 한 데는 어떤 뜻이 있을 것이라는 생각을 하게 됩니다.

지금부터는 남녀가 한 육체가 되어야 한다는 본문 말씀의 의미를 상고하며 남녀 간에 결혼을 창조질서로 정하신 하나님의 뜻을 살펴보겠습니다.

첫째 본문 말씀은 인류 최초의 결혼을 보여줍니다. 아담은 하나님이 지은 첫 인간이며 첫 신랑입니다. 인류 최초의 신부인 하와는 남편의 갈비뼈로 만들어졌습니다. 아내를 남편의 뼈로 만들었다는 것은 여자는 남자의 한 부분이라는 의미가 있습니다. 성경은 하와가 창조된 과정을 통하여 부부는 한 몸인 것과 아내는 남편의 한 부분이라는 사실을 암시하고 있습니다.

여자의 명칭을 영어로 Woman 이라고 하는데 이 단어는 남자의 영어 단어인 Man 앞에 Wife 라는 의미의 Wo가 붙어서 만들어졌습니다. 여자는 남자와 붙어있어야 하고 남자의 한 부분으로 존재한다는 의미가 단어 안에도 있습니다. 아담도 자신의 아내를 내 뼈 중의 뼈요 내 살 중의 살이라고 표현하였습니다.

창세기 2장 24절은 남녀의 결혼을 계명으로 주신 것입니다.

"이르므로 남자가 부모를 떠나 그의 아내와 합하여 둘이 한 몸을 이룰지로다" (창 2:24).

이 구절의 첫 단어인 "이르므로"는 "여자는 아담의 갈비뼈로 만들어졌으므로"라는 의미와 "아내는 남편의 뼈와 살이므로"라는 말을 받는 것입니다. 다시 말하면 "이르므로"는 "아내는 남편의 한 부분으로 원래 지어졌으므로"라는 의미입니다.

남자가 성인이 되면 부모를 떠나 여자와 결혼해야 하는 이유가 본래 하나였기 때문입니다. 그러므로 하나님이 명령한 것입니다. 남녀가 결합하라는 계명은 하와를 지으면서 준 계명인데 천지창조 이후 가장 먼저 주어진 계명입니다. 할례의 법 보다 먼저 만들어졌고 십계명보다 3천 5백년 먼저 제정되었습니다. 이처럼 하나님은 태초에 인간들이 결혼해야 하는 것을 법으로 정하였다면 그 안에는 중요하고 깊은 뜻이 있을 것입니다.

지금부터는 결혼의 영적인 의미를 상고해보겠습니다. 마태복음 9장 15절을 보겠습니다.

"예수께서 그들에게 이르시되 혼인집 손님들이 신랑과 함께 있을 동안에 슬퍼할 수 있느냐 그러나 신랑을 빼앗길 날이 이르리니 그 때에는 금식할 것이니라" (마 9:15).

이 말씀은 예수님을 신랑으로 비유한 것입니다. 다음은 마태복음 22장 2절을 보겠습니다.

"천국은 마치 자기 아들을 위하여 혼인 잔치를 베푼 어떤 임금과 같으니" (마 22:2).

여기서 혼인 잔치를 베푼 임금은 하나님이고 아들 신랑은 예수님을 의미합니다. 다음은 요한계시록 19장 7절을 보겠습니다.

"우리가 즐거워하고 크게 기뻐하며 그에게 영광을 돌리세 어린 양의 혼인 기약이 이르렀고 그의 아내가 자신을 준비하였으므로" (계 19:7).

이 말씀은 어린 양 예수 그리스도가 혼인하는 장면입니다. 예수님이 신랑이고 성도들이 신부입니다. 두 번째 본문인 에베소서 5장 31절, 32절을 다시 보겠습니다.

"그러므로 사람이 부모를 떠나 그의 아내와 합하여 그 둘이 한 육체가 될지니" "이 비밀이 크도다 나는 그리스도와 교회에 대하여 말하노라" (엡 5:31-32).

이 말씀은 남편과 아내가 하나가 되는 결혼을 그리스도와 교회의 관계로 비유합니다. 이상으로 살펴본 것처럼 성경은 예수님을 신랑으로 교회나 성도들을 신부로 비유하여 계속 말씀합니다.

믿지 않는 사람들은 보이는 것을 쫓고 믿는 사람들은 보이지 않는 것을 주목합니다. 고린도후서 4장 18절을 보겠습니다.

"우리가 주목하는 것은 보이는 것이 아니요 보이지 않는 것이니 보이는 것은 잠깐이요 보이지 않는 것은 영원함이라" (고후 4:18).

보이는 것은 보이지 않는 것의 그림자입니다. 옛날 동물의 제사는 현재 예수 그리스도를 믿는 믿음의 모형입니다. 동물의 피는 보이는 것이고 믿음은 보이지 않는 것입니다. 무익한 육은 볼 수 있으나 살리는 영은 볼 수 없습니다. 남녀가 부모를 떠나 한 몸을 이루는 것은 보이는 것이고 그리스도와 성도가 연합하는 것은 보이지 않는 것입니다.

하나님은 4천 년 후에 있을 예수 그리스도와 교회의 온전한 결합을 예정하여 6천 년 전에 하와를 아담의 아내로 준 것입니다. 남녀의 결합은 보이지만 그림자입니다. 그리스도와 성도 간의 결혼은 보이지 않는 실물입니다.

이것이 비밀입니다. 이것이 하나님이 태초에 결혼을 법으로 제정한 이유입니다. 예수 그리스도와 성도 간의 하나 됨을 염두하고 미리 정한 것입니다. 그러므로 성경은 남녀가 한 몸을 이루는 비밀이 크다고 말씀하는 것입니다.

이상으로 살펴본 것처럼 혼인은 단순히 남녀가 한 몸이 되어 행복하게 사는 의미가 아닙니다. 혼인은 예수님과 성도 간의 결합을 상징하는 예표로서 만들어 놓은 신령한 것입니다.

지금부터는 결혼의 영적인 비밀을 알고 있다는 전제로 결혼과 부부생활을 어떻게 해야 하는 지에 대하여 나누어 보겠습니다.

첫째, 결혼은 신령한 일이라는 것을 깨달아야 합니다. 단순히 남녀의 사랑으로 하게 되는 것이 결혼이 아닙니다. 결혼은 사랑하는 사람끼리 하게 되지만 남녀 간에 한 마음, 한 몸이 되는 이상의 의미가 있습니다. 그리스도와 교회가 하나 되는 영적인 의미가 있습니다.

둘째, 결혼은 거룩한 일이라는 것을 깨달아야 합니다. 결혼은 그리스도와 교회와의 만남이라는 상징성 하나만으로도 거룩해야 합니다. 결혼의 거룩함을 지키는 가장 중요한 요소는 결혼은 예수를 믿는 사람 간에 해야 한다는 것입니다. 하나님은 믿지 않는 자와의 결혼을 미워합니다.

고린도후서 6장 14절에서 16절까지를 보겠습니다.

"너희는 믿지 않는 자와 멍에를 함께 메지 말라 의와 불법이 어찌 함께 하며 빛과 어둠이 어찌 사귀며" "그리스도와 벨리알이 어찌 조화되며 믿는 자와 믿지 않는 자가 어찌 상관하며" "하나님의 성전과 우상이 어찌 일치가 되리요 우리는 살아 계신 하나님의 성전이라…"(고후 6:14-16).

이 말씀은 믿는 자와 믿지 않는 자를 단순히 구분하는 정도가 아니라 극단적으로 반대인 것을 보여줍니다. 믿는 자와 믿지 않는 자는 도저히 결혼할 수 없다는 것을 말씀합니다. 믿지 않는 자와의 결혼은 하나님의 성전인 우리의 몸을 더럽히는 것입니다. 하나님의 거룩함을 손상하는 것입니다.

셋째, 믿지 않는 자와의 결혼은 멸망할 수 있을 정도로 큰 죄인 것을 알아야 합니다. 신명기 7장 3절, 4절과 여호수아 23장 12절, 13절을 보겠습니다.

"또 그들과 혼인하지도 말지니 네 딸을 그들의 아들에게 주지 말 것이요 그들의 딸도 네 며느리로 삼지 말 것은" "그가 네 아들을 유혹하여 그가 여호와를 떠나고 다른 신들을 섬기게 하므로 여호와께서 너희에게 진노하사 갑자기 너희를 멸하실 것임이니라"(신 7:3-4).

"너희가 만일 돌아서서 너희 중에 남아 있는 이 민족들을 가까이 하여 더불어 혼인하며 서로 왕래하면""확실히 알라 너희의 하나님 여호와께서 이 민족들을 너희 목전에서 다시는 쫓아내지 아니하시리니 그들이 너희에게 올무가 되며 덫이 되며 너희의 옆구리에 채찍이 되며 너희의 눈에 가시가 되어서 너희가 마침내 너희의 하나님 여호와께서 너희에게 주신 이 아름다운 땅에서 멸하리라" (수 23:12-13).

이 두 말씀은 모세와 여호수아를 통하여 이스라엘 백성을 가르친 것입니다. 이방인과 혼인하면 다른 신들을 섬기게 되고 결국에 멸망할 것을 경고하고 있습니다.

느헤미야 13장 23절과 25절, 27절을 보겠습니다.

"그 때에 내가 또 본즉 유다 사람이 아스돗과 암몬과 모압 여인을 맞아 아내로 삼았는데" (느 13:23).

"내가 그들을 책망하고 저주하며 그들 중 몇 사람을 때리고 그들의 머리털을 뽑고 이르되 너희는 너희 딸들을 그들의 아들들에게 주지 말고 너희 아들들이나 너희를 위하여 그들의 딸을 데려오지 아니하겠다고 하나님을 가리켜 맹세하라 하고" (느 13:25).

"너희가 이방 여인을 아내로 맞아 이 모든 큰 악을 행하여 우리 하나님께 범죄하는 것을 우리가 어찌 용납하겠느냐" (느 13:27).

느헤미야가 부서진 성벽을 보수하고 떠난 후 수년 후에 다시 예루살렘에 왔을 때 두 가지를 개혁하였습니다. 하나는 안식일을 회복시킨 것입니다. 다른 하나는 이방인과의 혼인을 책망하고 이방 아내들을 쫓아낸 것입니다. 여기서도 이방인과의 혼인이 악한 일이며 하나님께 범죄하는 것이라고 말씀합니다.

열왕기상 11장 8절, 9절과 느헤미야 13장 26절을 보겠습니다.

"그가 또 그의 이방 여인들을 위하여 다 그와 같이 한지라 그들이 자기의 신들에게 분향하며 제사하였더라" "솔로몬이 마음을 돌려 이스라엘의 하나님 여호와를 떠나므로 여호와께서 그에게 진노하시니라 여호와께서 일찍이 두 번이나 그에게 나타나시고" (왕상 11:8-9).

"또 이르기를 옛적에 이스라엘 왕 솔로몬이 이 일로 범죄하지 아니하였느냐 그는 많은 나라 중에 비길 왕이 없이 하나님의 사랑을 입은 자라 하나님이 그를 왕으로 삼아 온 이스라엘을 다스리게 하셨으나 이방 여인이 그를 범죄하게 하였나니" (느 13:26).

솔로몬은 다윗의 아들로서 성전을 지었고 하나님의 사랑을 많이 받았습니다. 한 때는 믿음이 좋았으나 이방인을 아내로 삼아 결국에는 멸망했습니다. 하나님이 이방인과의 결혼을 이처럼 큰 죄로 여긴 배경은 이방인 아내가 이스라엘 남편으로 하여금 우상을 섬기게 하기 때문입니다.

이방인과의 결혼은 하나님이 용서하지 않는 큰 죄라는 사실은 모세의 때에나 여호수아의 때에나 솔로몬의 때에나 느헤미야의 때에나 바울의 때에나 현대에나 변함이 없습니다. 결혼을 계획하는 사람들은 믿지 않는 자와의 결혼은 물론 교제도 하지 않아야 합니다. 이를 어길 때에 받을 보응도 구약의 때에나 지금이나 변하지 않았습니다.

다음은 성경 말씀을 결혼생활에 적용하여 살펴보겠습니다. 이사야 54장 5절과 에베소서 5장 22절에서 24절까지를 보겠습니다.

"이는 너를 지으신 이가 네 남편이시라 그의 이름은 만군의 여호와시며 네 구속자는 이스라엘의 거룩한 이시라 그는 온 땅의 하나님이라 일컬음을 받으실 것이라" (사 54:5).

에베소서 5장 22절에서 24절까지를 보겠습니다.

"아내들이여 자기 남편에게 복종하기를 주께 하듯 하라" "이는 남편이 아내의 머리 됨이 그리스도께서 교회의 머리 됨과 같음이니 그가 친히 몸의 구주시니라" "그러나 교회가 그리스도에게 하듯 아내들도 범사에 그 남편에게 복종할지니라" (엡 5:22-24).

이상의 두 구절에는 부부 생활에 대하여 아내들에게 주는 양대 계명이 있습니다.

첫째, 아내들은 남편을 믿고 의지하라는 것입니다. 첫째 구절은 과부들에게 하나님이 친히 남편이 되어주겠다고 위로합니다. 남편을 하나님에 비유한 것입니다. 어려움이 있을 때 남편을 믿고 의지하라는 의미가 있습니다.

둘째, 아내들은 남편에게 절대 순종하라는 것입니다. 아내들이 남편에게 주께 하듯이 하라고 말씀합니다. 이 말씀의 뜻은 남편을 실제로 주님과 같은 존재로 하나님이 인정한 것입니다. 아내들은 남편에게 하는 것이 주께 하는 것으로 동일하게 가늠됩니다.

어떤 아내들은 남편에게는 못해도 주님께는 잘 할 수 있다고 말하고 싶을 것입니다. 그러나 하나님은 그렇게 판단하지 않습니다. 지금 남편에게 하는 대로 주님에게도 하는 것으로 여깁니다.

골로새서 3장 18절과 베드로전서 3장 1절을 보겠습니다.

"아내들아 남편에게 복종하라 이는 주 안에서 마땅하니라"(골 3:18).
"아내들아 이와 같이 자기 남편에게 순종하라..."(벧전 3:1).

남편에게 복종하고 순종하라는 말씀이 성경의 여러 곳에 있습니다. 그만큼 중요한 계명이라는 뜻입니다. 아내들이 이 계명을 지키지 못해 인생이 어렵게 됩니다. 불화하고 다투게 됩니다. 믿음 생활이 평탄하지 않습니다.

이 순종의 법은 만사형통의 법입니다. 이 계명을 잘 지키면 남편이 사랑합니다. 적어도 괴롭히지 않습니다. 가정이 평안합니다. 아내는 수고를 하더라도 자식에게는 복이 갑니다. 믿지 않는 남편을 구원합니다. 그러니 하나님의 말씀에 어긋나지 않는 한 남편의 모든 말에 순종하여 화목하고 평안한 가정을 이루기를 주님의 이름으로 축복합니다.

다음은 남편에게 주어진 계명에 대하여 살펴보겠습니다. 에베소서 5장 25절과 33절을 보겠습니다.

"남편들아 아내 사랑하기를 그리스도께서 교회를 사랑하시고 그 교회를 위하여 자신을 주심같이 하라" (엡 5:25).
"그러나 너희도 각각 자기의 아내 사랑하기를 자신 같이 하고 아내도 자기 남편을 존경하라" (엡 5:33).

남편에게는 아내를 사랑하는 것이 가장 크고 중요한 계명입니다. 사랑의 크기는 그리스도가 교회를 사랑한 만큼입니다. 그리스도가 교회를 위하여 죽으신 것과 같은 것입니다. 남편은 목숨을 버릴 정도로 아내를 사랑해야 합니다.

아내에 대한 남편의 사랑은 믿음 안에서의 사랑입니다. 위로, 격려, 배려가 모두 포함 된 사랑입니다. 말로 표현하는 사랑입니다. 몸과 행동으로 하는 사랑입니다. 돈과 선물로 보여주는 사랑입니다. 아내를 향한 남편의 사랑은 이 모든 것이 망라된 토탈 패케이지 사랑, 종합 선물세트 사랑이어야 합니다.

아내는 남편의 사랑이 필요합니다. 아내는 남편의 사랑을 받지 않으면 지탱할 수가 없습니다. 교회가 그리스도의 사랑이 없이 존재할 수 없는 것과 같은 이치입니다. 아내는 사랑을 받기 위하여 지어졌고 남편은 사랑을 주기 위하여 지어졌습니다.

이것은 창조 원리이고 질서입니다. 질서가 깨지면 혼돈합니다. 아내를 사랑해야 하는 질서를 남편이 깨뜨리면 아내는 혼란스럽습니다. 괴롭습니다. 슬픕니다. 기운이 없고 삶에 의욕이 없어집니다. 정서가 불안해지고 우울증이 옵니다. 영혼이 쇠약해집니다.

이 모든 증세를 단번에 제거할 수 있는 약은 하나 밖에 없습니다. 그것은 남편의 사랑입니다. 이것은 아내에게 만병통치이며 불로장생의 명약입니다. 이 외에는 백약이 무효입니다. 아내를 치료할 수 있는 사람은 남편 밖에 없습니다. 아내의 최고 명의는 남편이며 아내의 죽을 병을 고치는 치료약은 남편의 사랑밖에 없습니다.

그럼에도 불구하고 남편들은 아내를 사랑하지 않겠습니까? 아내를 따라 예수를 믿지 않겠습니까? 아내를 괴롭히겠습니까? 침소를 더럽히겠습니까?

히브리서 13장 4절을 보겠습니다.

"모든 사람은 결혼을 귀히 여기고 침소를 더럽히지 않게 하라 음행하는 자들과 간음하는 자들을 하나님이 심판하시리라" (히 13:4).

이것은 아내들에게도 해당하지만 특별히 남편들에게 중요한 말씀입니다. 부부 생활에 대한 교훈 중에 남편들에게 준 두 번째 중요한 계명입니다. 이 죄에 대한 문제는 심각합니다. 세대가 악하고 음란하기 때문입니다.

남편들이 이 계명을 어길 때 오는 보응은 주로 부부간의 불화와 별거와 이혼입니다. 음행의 죄는 사탄이 부부 사이를 갈라 놓고 가정을 깰 수 있도록 허락하는 것입니다. 이러한 영적인 원리는 매우 중요한 진리인데 성경 교사들도 잘 모르고 가르치지않습니다. 모든 부부간의 불화가 음행이 그 이유는 아닐지라도 그러한 가능성을 열어놓고 살피는 것은 지혜로운 일입니다.

남편들은 음란과 간음의 죄에 빠지지 않아야 합니다. 이 죄는 성전인 몸을 더럽히는 것이므로 그 죄가 더욱 중합니다. 또한 이 죄는 아내에게도 피해를 주므로 반드시 돌이켜야 합니다.

이상으로 결혼이 갖는 영적인 의미와 결혼을 계획하는 사람들을 위한 교훈을 하였습니다. 부부 생활에서 아내와 남편이 지켜야 할 중요한 계명들에 대하여 나누었습니다. 성경에는 이 외에도 결혼과 부부에 대한 말씀들이 더 있지만 그 중에 가장 중요한 몇가지 사항만 정리해 보았습니다. 결혼을 계획하는 사람들과 결혼 생활을 하고 있는 모든 분들이 이러한 가르침을 잘 받아 지키기를 우리의 신랑 되신 예수 그리스도의 이름으로 축복합니다.

5
부부가 함께
들림 받으려면

"내가 예루살렘 선지자들 가운데도 가증한 일을 보았나니 그들
은 간음을 행하며 거짓을 말하며 악을 행하는 자의 손을 강하게
하여 사람으로 그 악에서 돌이킴이 없게 하였은즉 그들은 다 내
앞에서 소돔과 다름이 없고 그 주민은 고모라와 다름이 없느니
라" "그러므로 만군의 여호와께서 선지자에 대하여 이와 같이
말씀하시니라 보라 내가 그들에게 쑥을 먹이며 독한 물을 마시
게 하리니 이는 사악이 예루살렘 선지자들로부터 나와서 온 땅
에 퍼짐이라 하시니라" (예레미야 23:14-15).

사람들이 가장 많이 짓는 죄는 음란죄입니다. 성경에서 가장 많
이 지적하는 죄 중에 하나도 음행입니다. 여러 죄 중에서도 성경에
서 가장 우선 언급되는 것이 음란입니다. 마가복음 7장 21절을 보
겠습니다.

"속에서 곧 사람의 마음에서 나오는 것은 악한 생각 곧 음란과 도둑질과
살인과" "간음과 탐욕과 악독과 속임과 음탕과 질투와 비방과 교만과 우
매함이니" (막 7:21-22).

주님이 여러가지 악한 생각에 대하여 언급하는데 그 중에 음란을 가장 먼저 지적합니다. 다음은 골로새서 3장 5절을 보겠습니다.

"그러므로 땅에 있는 지체를 죽이라 곧 음란과 부정과 사욕과 악한 정욕과 탐심이니 탐심은 우상 숭배니라"(골 3:5).

이 구절에도 음란의 죄가 가장 먼저 언급되고 있습니다. 다음은 베드로전서 4장 3절을 보겠습니다.

"너희가 음란과 정욕과 술취함과 방탕과 향락과 무법한 우상 숭배를 하여 이방인의 뜻을 따라 행한 것은 지나간 때로 족하도다"(벧전 4:3).

이 말씀에도 여러가지 죄들 중에 음란을 제일 우선으로 지적하고 있습니다. 이처럼 음란의 죄는 시대를 막론하고 인류 역사에서 가장 많이 우선적으로 범하는 죄입니다. 하나님이 가장 미워하는 죄 중에 하나도 음행인데 하나님은 영적인 음행과 육체적인 음행을 같은 의미의 비유로 말씀합니다. 소돔과 고모라가 이 죄로 멸망하였습니다. 이스라엘 백성이 이 죄로 여러 번 심판 받았습니다.

예수님이 사역을 하던 때도 음란한 세대라고 그 세대를 특징 지었습니다. 마가복음 8장 38절을 보겠습니다.

"누구든지 이 음란하고 죄 많은 세대에서 나와 내 말을 부끄러워하면 인자도 아버지의 영광으로 거룩한 천사들과 함께 올 때에 그 사람을 부끄러워하리라" (막 8:38).

이 말씀을 주의 깊게 보면 음란 죄만 다른 죄와 구별하여 따로 지적하고 있는 것을 알 수 있습니다. 그냥 죄 많은 세대라고 하지 않고 음란하고 죄 많은 세대라고 언급한 것이 그것입니다. 이러한 인류의 음란의 역사는 노아의 때를 지나 예수님이 오셨을 세대는 물론 지금도 변하지 않았고 오히려 더 심화되어가고 있습니다.

지금부터는 대한민국의 음란에 대하여 잠시 살펴보겠습니다. 어느 곳에 살든지 반경 일 킬로미터 내에 매춘을 할 수 있는 나라는 지구상에 대한민국밖에 없습니다. 한국에는 매춘과 음란한 행위를 제공하는 사업의 종류가 많습니다.

사창가는 말할 것도 없고 사우나에서도 음란 서비스를 제공합니다. 호텔에서 창녀를 불러줍니다. 룸살롱에서도, 단란 주점에서도 매춘을 알선합니다. 심지어 노래방에서도 그러한 서비스를 제공하며 이발소에서도 그런 더러운 짓이 행해지고 있습니다. 집에서 걸어서 십분 거리 안에 음행을 할 수 있도록 사회가 구조적으로 되어 있는 나라는 한국밖에 없습니다.

결혼한 사람들이 여자친구, 남자친구를 사귀는데 그것이 일반화되어있다고 합니다. 유치원 동창까지 인터넷을 통하여 찾아 만납니다. 한국의 이혼율이 전세계 일등을 하는 것이 이유가 있습니다. 음란하기 때문입니다. 한국의 낙태율이 세계 으뜸인 것도 음란과 상관이 있습니다. 이혼율이 증가하는 것은 음란율과 불륜율이 증가하기 때문입니다.

남자도 여자도 모두 음란합니다. 어른으로 시작하여 젊은이에 이르기까지 모두 음란하며 총체적으로 음란합니다. 여기에 포르노 동영상을 통한 개인적인 음란과 혼전 성관계, 동성애 등 성적 타락의 현상을 일일이 열거하면 한국은 그야말로 음란 공화국이라 할 만합니다.

한국 뿐만 아니라 세계의 많은 나라들이 소돔과 고모라가 되어가고 있으며 동성애를 법과 제도로 인정하는 것은 세계적인 추세입니다. 미국은 2014년까지 50개 주 중에서 37개의 주가 동성결혼을 합법화 하였고 2015년 6월 26일에는 동성결혼을 연방법으로 제정하기에 이르렀습니다.

미국은 자국의 동성결혼 합법화에 만족하지 않고 전 세계에 동성결혼 홍보대사까지 파견합니다. 그 맨 앞에는 오바마 전 대통령이 있었습니다. 오바마는 대통령 취임 후에 가장 먼저 한 일이 백악관의 예배를 주관하는 목사를 내보낸 일입니다. 그리고 예배 드리던 장소에 동성애자 250명을 초대하였습니다.

한국에는 박원순 서울시장이 이러한 더러운 일에 깃발을 들고 있었습니다. 서울 시청 앞 광장이 멸망 직전의 소돔과 고모라를 연출하고 있습니다. 동성애 축제가 열리는 장소를 박원순 서울 시장이 대한민국의 중앙에 허락한 것입니다. 이 사람의 꿈은 서울을 아시아에서 가장 동성애자를 옹호하는 대표적인 시로 만드는 것입니다. 서울에 유황불이 떨어진다면 그의 시청 집무실이 가장 먼저 불타버릴지 모릅니다.

그렇다면 세상이 이렇게 급속도로 음란해지는 이유가 무엇일까요? 성경은 세상의 타락은 주의 종들의 타락을 반영하는 것으로 말씀합니다. 대한민국이 음란한 것은 대한민국의 목사들이 음란하기 때문이라는 것입니다. 예레미야 23장 10절, 11절을 보겠습니다.

> "이 땅에 간음하는 자가 가득하도다 저주로 말미암아 땅이 슬퍼하며 광야의 초장들이 마르나니 그들의 행위가 악하고 힘쓰는 것이 정직하지 못함이로다" "여호와의 말씀이니라 선지자와 제사장이 다 사악한지라 내가 내 집에서도 그들의 악을 발견하였노라" (렘 23:10-11).

10절에는 "이 땅에 간음하는 자가 가득하도다"라는 말씀이 있고 이어서 11절에는 "선지자와 제사장이 다 사악한지라"고 말씀합니다. 이것을 연결하면 선지자와 제사장이 다 사악하므로 이 땅에 간음하는 자가 가득하다는 뜻입니다.

본문 말씀인 예레미야 23장 14절은 선지자들이 간음을 행한다고 하고 15절은 사악이 예루살렘 선지자들로부터 나와서 온 땅에 퍼진다고 합니다. 이 두 말씀을 연결하면 주의 종들이 간음하기 때문에 이 땅에 간음하는 자가 가득한 것이라는 뜻입니다. 이처럼 성경은 지도자가 정치를 잘못 했거나 사회제도를 잘못 만들어서 세상이 음란하다고 말씀하지 않습니다. 세상의 음란함은 목사들의 음란이 그 원인이라고 말씀합니다.

한국에서 실제로 벌어지고 있는 일들이 이러한 사실을 증거합니다. 한국의 전문직종별 성범죄를 분석한 한 자료에는 목사 직종이 성범죄율이 가장 높은 것으로 나타났다고 합니다. 성범죄는 간통과 성폭행과 성추행을 의미합니다.

이 자료를 가지고 전공대학별 성범죄율을 유추해 보면 상경대, 공과대, 문과대 등 다른 모든 대학을 제치고 신학대학 출신이 성범죄를 가장 많이 짓는다는 또 다른 분석이 가능합니다.

목사가 되기 위하여는 신학교에서 공부를 해야 합니다. 그런데 신학은 미혹의 학문이므로 성령을 받고 진리로 무장 되지 않은 사람들은 신학교에서 대부분 미혹되어 결국 거짓 목사의 길을 가게 됩니다. 거짓 목사가 음란한 것은 이미 배웠습니다. 그러므로 대부분이 거짓 목사인 한국 목사들이 다른 직종보다 성 범죄를 많이 짓는다는 통계는 성경적인 관점에서도 타당성이 있고 신뢰할 만한 것입니다.

엘리 제사장의 두 아들 홉니와 비느하스는 제사장이었는데 회막에서 음행과 하나님의 성물을 도둑질하는 죄를 지었습니다. 지금의 목사들도 높은 연봉과 퇴직금, 고급 승용차로 하나님의 성물을 도둑질하는 죄를 짓고 있습니다. 이러한 탐심을 가진 목사들은 엘리의 아들들처럼 음란의 죄도 함께 짓게 되는 것이 영적인 원리입니다. 이것도 한국의 현실이 증명합니다.

수년 전 어느 기독교 신문이 선정한 10대 뉴스 중 여섯 건이 유명 목사들의 간통 사건이었습니다. 이들 여섯 명은 한국의 기독교를 대표하는 자들인데 한국의 교단들이 거의 모두 포함되어 있습니다. 이들의 공통점은 명예와 부를 가졌다는 것입니다. 돈을 사랑하는 목사들은 동전의 양면처럼 음란의 죄를 함께 짓는 것이 진리라는 것은 한국의 현실을 통하여도 증명되고 있습니다.

교단의 간부들이 간음한다는 사실은 소속된 교회의 목사들의 영도 온전치 못할 것이라는 것을 쉽게 상상할 수 있습니다. 왜냐하면 그들은 같은 교단에 있으니 같은 영을 가지며 또한 권위의 영은 밑으로 전이되기 때문입니다. 그러므로 이러한 교단에 속한 목사들의 상당수가 음란하다고 보면 틀리지 않습니다. 이러한 죄를 짓는 자들에게 하나님이 주신 말씀이 사무엘상 3장 14절입니다.

"그러므로 내가 엘리의 집에 대하여 맹세하기를 엘리 집의 죄악은 제물로나 예물로나 영원히 속죄함을 받지 못하리라 하였노라 하셨더라"(삼상 3:14).

엘리의 두 아들처럼 음란하고 하나님의 것을 도둑질하는 거짓 목사들에게는 영원히 속죄할 제사가 없다고 말씀합니다. 같은 말씀이 히브리서 6장 4절에서 6절까지에도 있습니다.

"한 번 빛을 받고 하늘의 은사를 맛보고 성령에 참여한 바 되고""하나님의 선한 말씀과 내세의 능력을 맛보고도""타락한 자들은 다시 새롭게 하여 회개하게 할 수 없나니 이는 그들이 하나님의 아들을 다시 십자가에 못박아 드러내 놓고 욕되게 함이라"(히 6:4-6).

성령의 은사를 받고도 타락하여 간음한 목사들은 예수 그리스도를 다시 십자가에 못 박아 욕되게 한 죄를 지은 것입니다. 그러니 다시 돌이켜 회개할 수 없습니다. 신문에 소개된 간통한 여섯 목사들이 이에 해당되며 간음과 성범죄를 지은 모든 목사들이 이에 해당합니다.

지금까지는 사람들이 가장 많이 짓는 죄 중에 하나가 음란죄라는 것과 세상의 음란은 주의 종들의 음란을 반영하는 것이라는 것에 대하여 살펴보았습니다. 이제부터는 음란의 죄가 교인들의 가정에 미치는 영향에 대하여 나누고자 합니다.

인간은 살면서 죄를 짓습니다. 그러나 예수를 믿는 사람들은 회개함으로써 그 죄를 사함 받습니다. 그러나 여러 죄 중에도 가장 회개를 하지 않게 되는 죄가 음란죄입니다. 음행은 은밀하게 이루어지는 것이 특징입니다. 은밀하여 잘 드러나지 않음으로 회개하기 쉽지 않습니다.

보통 자신의 죄는 자신에게만 영향을 줍니다. 살인, 도둑질의 죄는 살인을 한 사람, 도둑질을 한 사람만 그 죄로 벌을 받습니다. 그러나 음행의 죄는 다른 사람의 영혼에게도 피해를 줍니다. 부부 사이에 몰래 행하는 음란이 그것입니다. 배우자가 있는 사람들에게 마지막 때를 준비하는 가장 중요한 문제 중에 하나가 부부 간의 음란의 죄를 서로 고백하고 회개하는 것입니다.

이 죄 문제를 해결하지 못하면 주님 오실 때 들림 받지 못합니다. 부부간에 서로에게 죄가 되는 음행은 크게 두 가지입니다. 하나는 혼자 은밀하게 범하는 음행이고 다른 하나는 실제로 간음하는 것입니다.

혼자 은밀히 범하는 대표적인 음란의 죄는 음란 동영상을 보는 것입니다. 이것은 혼자 죄를 짓는 것이 아닙니다. 이러한 행위를 통해 음란한 영이 그 가정에 들어와 배우자에게도 영향을 줍니다. 상대방도 더 음란하게 만듭니다.

이러한 음란의 영은 부부간에 다툼을 만들고 심하면 별거와 이혼까지 하게 만듭니다. 보통의 사람들은 이러한 영적인 원리를 잘 알지 못합니다. 부부 중의 한 사람이 몰래 음란물을 즐기므로 죄가 들어와 이혼까지 하게 된다는 것을 사람들은 이해하지 못합니다.

마태복음 5장 27절, 28절을 보겠습니다.

"또 간음하지 말라 하였다는 것을 너희가 들었으나" "나는 너희에게 이르노니 음욕을 품고 여자를 보는 자마다 마음에 이미 간음하였느니라" (마 5:27-28).

이 구절의 말씀은 여자를 보고 음심을 품기만 하여도 간음한 것이라고 합니다. 주님은 마음으로 하는 간음이 실제 간음하는 것 만큼 나쁜 죄라고 말씀하지 않았습니다. 마음의 음란은 실제 음란과 같은 죄라고 말씀하였습니다.

음란 영화를 보는 자체가 실제로 배우자 외의 사람과 간음하는 것입니다. 십계명 중의 하나를 범하고 천국에 갈 수 있는 사람은 없습니다. 습관적으로 보든, 종종 보든, 한 번 밖에 본적이 없든지 상관없이 중단하고 배우자에게 고백하여 용서를 받으십시오. 그리고 하나님께도 용서를 구하십시오. 이것은 반드시 회개해야 하는 큰 죄입니다. 중요한 것은 반드시 배우자 앞에 고백하고 회개하여야 합니다. 그리고 다시는 같은 죄를 짓지 마십시오.

두 번째는 실제로 간음을 한 경우에 대하여 나누겠습니다. 여러 죄

중에서도 육체를 더럽히는 음행의 죄는 다른 죄와도 구별됩니다.

"음행을 피하라 사람이 범하는 죄마다 몸 밖에 있거니와 음행하는 자는
자기 몸에 죄를 범하느니라" "너희 몸은 너희가 하나님께로부터 받은 바
너희 가운데 계신 성령의 전인 줄을 알지 못하느냐 너희는 너희 자신의 것
이 아니라" "값으로 산 것이 되었으니 그런즉 너희 몸으로 하나님께 영광
을 돌리라" (고전 6:18-20).

음행은 하나님의 성전인 몸을 더럽히는 죄이기 때문에 그 죄가 더
중대합니다. 몸으로 하나님께 영광을 돌리라고 말씀하는데 음행은
하나님의 전을 더럽히는 것이므로 하나님의 영광을 가리는 것입니다.
다음은 고린도전서 3장 16절, 17절을 보겠습니다.

"너희는 너희가 하나님의 성전인 것과 하나님의 성령이 너희 안에 계시는
것을 알지 못하느냐" "누구든지 하나님의 성전을 더럽히면 하나님이 그
사람을 멸하시리라 하나님의 성전은 거룩하니 너희도 그러하니라" (고전
3:16-17).

하나님의 것은 그것이 이름이든 기구이든 집이든 더럽히고 살아남
을 자가 없습니다. 하나님의 성전을 더럽히는 자는 멸한다고 합니다.
교회 건물이 성전이 아닙니다. 사람의 몸이 성전입니다. 그러므로 몸
을 음란으로 더럽히면 하나님의 집을 더럽힌 것이므로 죽게 되는 것
입니다.

하나님의 성전이 거룩하므로 믿는 자의 몸도 거룩해야 합니다. 이처럼 음행의 죄는 배우자에게 죄를 짓기 이전에 하나님께 큰 죄를 짓는 것입니다. 그러므로 다시 한번 이러한 음란의 죄에서는 반드시 돌아설 것을 당부합니다.

다음은 음행의 죄를 부부간에 어떻게 다루어야 할지에 대하여 나누겠습니다. 실제의 간음죄는 혼자서 음란물을 보는 죄보다 훨씬 더 크고 심각한 문제로 여겨질 수 있습니다. 그러나 성경은 육체의 간음과 마음의 간음이 같은 것이라고 말씀합니다.

마음 속의 음란에서 완벽한 사람은 없을 것입니다. 다시 말하면 부부의 한편이 육체의 음행을 하지 않았을지라도 마음의 음란에서 완벽하지 못하다면 그 사람은 육체의 간음을 한 사람과 똑 같은 죄인입니다. 같은 죄를 지은 사람이 상대방을 정죄할 수 없습니다. 요한복음 8장 3절에서 9절까지를 보겠습니다.

"서기관들과 바리새인들이 음행중에 잡힌 여자를 끌고 와서 가운데 세우고" "예수께 말하되 선생이여 이 여자가 간음하다가 현장에서 잡혔나이다" "모세는 율법에 이러한 여자를 돌로 치라 명하였거니와 선생은 어떻게 말하겠나이까" "그들이 이렇게 말함은 고발할 조건을 얻고자 하여 예수를 시험함이러라 예수께서 몸을 굽히사 손가락으로 땅에 쓰시니" "그들이 묻기를 마지 아니하는지라 이에 일어나 이르시되 너희 중에 죄 없는 자가 먼저 돌로 치라 하시고" "다시 몸을 굽혀 손가락으로 땅에 쓰시니" "그들이 이 말씀을 듣고 양심에 가책을 느껴 어른으로 시작하여 젊은이까지 하나씩 하나씩 나가고 오직 예수와 그 가운데 섰는 여자만 남았더라"

(요 8:3-9).

간음한 여인을 사람들이 돌로 쳐 죽이려고 하였습니다. 그러나 예수님이 "죄가 없는 자가 먼저 돌로 치라"고 말씀하자 모두 찔림을 받고 떠났습니다. 이 예화의 교훈을 적용하면 부부 중 한편이 음행의 죄를 고백할 때 듣는 상대방은 어떻게 반응해야 하겠습니까? 돌을 던져야 하겠습니까? 용서해야 하겠습니까? 아마도 같이 죄를 고백해야 되지는 않을까요? 주님이 간음한 여인을 용서하였다면 여러분도 음행한 남편을 용서해야 합니다.

하나님으로부터 여러분의 죄를 용서받기 원하면 남의 죄를 용서하십시오. 죄를 고백하고 용서를 구하는 사람에게 돌을 던지지 마십시오. 자신도 그러한 죄가 있는지 살피고 피차에 죄를 말하고 서로 용서하십시오. 이렇게 하는 것이 부부가 함께 사는 것입니다.

이러한 고백이 이루어지면 사탄은 더 이상 그 가정을 흔들지 못합니다. 더 이상 음란하게도 불화하게도 다투게도 이혼하게도 못합니다. 이러한 부부간의 죄의 고백과 용서가 있을 때 그 가정에 사탄은 떠나고 천사가 수종 들게 됩니다.

부부 사이의 심한 갈등으로 이혼을 생각하는 사람들이 있습니다. 이들은 문제 해결을 위하여 여러가지 노력을 하고 상담을 받기도 합니다. 그러나 이혼을 마음먹은 부부 사이는 다시 회복되기 쉽지 않습니다. 전문가의 상담이나 심리적인 치유 등으로 해결되지 않습니다. 이 문제를 해결하기 위하여는 부부간에 죄를 고백하는 것 외에는 방법이 없습니다.

이혼하도록 하는 것은 사탄입니다. 사탄을 이기는 것은 죄를 고백하고 회개하는 것입니다. 그러나 사람들은 다른 곳에서 이혼의 원인과 해결 방법을 찾으려고 합니다. 부부 사이의 이혼의 갈등은 서로의 죄를 피차 고백하지 않으면 그 문제가 해결되지 않습니다.

이혼 문제가 전문가의 상담이나 화해하려는 인간적인 노력으로 해결되지 않는 이유가 여기에 있습니다. 불화는 사탄이 주는 것이며 사탄은 항상 죄의 근거가 있을 때에 역사합니다. 죄의 근거를 제거하는 것이 부부간의 은밀한 죄를 서로 고백하는 것입니다.

이것이 부부의 불화와 갈등을 없애는 유일한 방법은 아닐지라도 최선의 방법이 될 수는 있습니다. 부부간의 불화의 원인이 모두 음란 때문은 아닐지라도 그 가능성을 염두하고 부부 관계를 살피는 것은 지혜로운 일입니다.

부부 중에 한 사람은 들림 받고 한 사람은 남겨지는 일이 있습니다. 누가복음 17장 34절을 보겠습니다.

"내가 너희에게 이르노니 그 밤에 둘이 한 자리에 누워 있으매 하나는 데려감을 얻고 하나는 버려둠을 당할 것이요" (눅 17:34).

이 구절에서 한 자리에 누워 있는 사람들은 부부입니다. 그 중에 데려감을 얻는 하나는 주님 오실 때 휴거 되는 사람입니다. 그렇다면 이 부부는 왜 함께 올라가지 못하는 것일까요? 한 사람은 믿고 한 사람은 믿지 않으면 그런 일이 발생할 수 있습니다.

그러나 만약에 함께 나란히 교회에 앉아서 예배 보던 부부라면 어찌 된 일일까요? 한 사람은 물과 성령으로 거듭났고 한 사람은 거듭나지 않았기 때문일 수도 있습니다. 아니면 한 사람은 음행의 죄를 상대방에게 고백한 사람이고 한 사람은 고백하지 않은 사람일 수도 있습니다.

한 사람은 은밀한 죄를 고백하며 용서를 구했는데 한 사람은 용서를 하지 않은 사람일 수도 있습니다. 여러분은 어떤 사람입니까? 물과 성령으로 거듭나고 죄를 상대방에게 고백한 사람입니까? 아니면 거듭나지 못하고 죄를 고백하지도, 남을 용서하지도 않는 사람입니까?

우리는 지금 세상 끝 날을 살고 있습니다. 지금 이 순간에도 주님이 오시어 교회를 데리고 갈 수 있습니다. 그러니 우리는 지금 준비되어 있어야 합니다. 회개와 거룩함으로 주님 오실 날을 맞아야 합니다. 아내에게, 남편에게 고백하지 않은 죄 하나 때문에 남겨지지 말아야합니다.

만약 여러분 중에 고백하지 않은 부부 사이의 죄가 있다면 이제는 은밀한 죄를 피차 고백하고 서로 용서하여 죄사함을 받으십시오. 그리하여 주님 오실 때 부부가 행복하게 함께 손잡고 올라가기를 곧 오실 메시아 우리 주 예수 그리스도의 이름으로 축복합니다.

6
배우자가 이혼을 원할 때에 이혼하라

"혹 믿지 아니하는 자가 갈리거든 갈리게 하라 형제나 자매나 이런 일에 구애될 것이 없느니라 그러나 하나님은 화평 중에서 너희를 부르셨느니라".(고린도전서 7:15).
"사람이 아내를 맞이하여 데려온 후에 그에게 수치되는 일이 있음을 발견하고 그를 기뻐하지 아니하면 이혼 증서를 써서 그의 손에 주고 그를 자기 집에서 내보낼 것이요""그 여자는 그의 집에서 나가서 다른 사람의 아내가 되려니와"(신명기 24:1-2).

이혼이 부부 모두에게 죄가 되는 것은 아닙니다. 이혼을 원하여 요구한 사람에게만 죄가 되는 것입니다. 합의 이혼을 하더라도 누군가 이혼을 먼저 요구를 하였을 것이며 그 사람은 이혼과 관련한 죄를 짓는 것입니다. 그러나 배우자가 이혼을 원하여 그대로 응해준 사람은 이혼과 관련하여 죄를 짓는 것이 아닙니다.

첫째 본문 말씀은 믿지 않는 배우자가 갈라지려고 하면 기꺼이 응해주라고 합니다. 응하지 않으면 오히려 죄를 짓는 것입니다. 그렇다면 함께 신앙 생활을 하는 배우자가 이혼을 원할 때는 어떻게 해야 하겠습니까?

여기에 대한 답은 이 구절의 뒷부분인 "하나님은 화평 중에서 너희를 부르셨느니라"를 해석해 봄으로써 찾을 수 있습니다. 이 말씀은 배우자가 이혼을 원하는데 응해주지 않으면 가정에 화평이 없을 것이므로 이혼하여 평강한 가운데 살라는 의미입니다.

믿는 부부라도 한 사람이 이혼하기를 원한다면 그 가정에는 평강이 없을 것이 분명합니다. 하나님은 부부가 이렇게 불화하며 사는 것을 원하지 않습니다. 믿는 자가 이혼의 죄를 지으려 한다면 그 사람은 하나님이 보기에 불신자와 다름이 없습니다.

성경은 남의 유익을 위해서 살라고 하고 속옷을 달라고 하는 자에게 겉옷까지도 주라고 말씀합니다. 그러므로 상대방이 이혼을 원할 때는 그 사람이 예수를 믿는지 상관없이 이혼에 응해주는 것이 성경을 바르게 적용하는 것입니다.

어떤 사람은 남편이 이혼을 원하는데 자신의 신앙 양심상 그럴 수 없다고 말합니다. 그리하여 남편과 갈등을 겪거나 핍박을 받으며 어렵게 부부 관계를 유지하는 아내들이 있습니다. 여러분도 이러한 사람을 접하거나 이야기를 들은 적이 있을 것입니다. 이 사람은 성경을 잘못 적용한 것입니다.

어떤 사람은 남편이 이혼을 요구함에도 불구하고 구원받지 못한 남편의 영혼이 불쌍하여 이혼에 응하지 않는 사람도 있는데 이것도 옳지 않은 것입니다. 더 나아가 하나님은 이혼을 원하는 사람과 함께 사는 것을 기뻐하지도 않습니다. 그러므로 갈라설 때에 아무 구애 받을 것이 없다는 표현까지 하는 것입니다.

사람들이 이렇게 성경을 잘 못 알고 적용하는 이유는 교회에서 이혼에 대하여 바르게 가르치지 않았기 때문입니다. 교회 안의 일반적인 가르침은 이혼은 죄이므로 배우자가 이혼을 요구할 때 응하지 말라는 것입니다.

이혼하면 양편 모두가 죄를 짓는 것으로 규정합니다. 그리하여 이혼 절대 불가가 진리인 것으로 가르칩니다. 그리하여 많은 아내들이 이혼을 원하는 남편의 학대와 핍박을 당하면서도 이혼에 응하지 않고 평강이 없이 살아갑니다.

배우자가 이혼을 원해도 믿음으로 버티며 응하지 말라고 하는 교회의 일반적인 가르침은 틀린 것입니다. 상대방이 이혼을 원하면 반드시 응해주어야 합니다. 이혼을 요구한 사람만 죄를 짓는 것이고 이혼에 응해준 사람은 죄가 없습니다.

남편이 이혼을 원할 때 즉시 이혼에 합의하라는 의미는 아닙니다. 그렇게 하여도 상관은 없습니다. 그러나 남편에게 이혼이 죄라는 것을 이해시키고 화평하게 잘 살도록 서로 노력하자는 대화의 과정은 거쳐야 할 것입니다.

아내도 남편이 이혼을 원하게 된 원인을 제공한 면이 없는지 살피고 회개도 해야 할 것입니다. 이렇게 성실한 화해의 노력을 했음에도 결국 남편이 이혼하기 원하면 해 주라는 것입니다.

마태복음 19장 5절, 6절과 9절을 보겠습니다.

"말씀하시기를 그러므로 사람이 그 부모를 떠나서 아내에게 합하여 그 둘이 한 몸이 될지니라 하신 것을 읽지 못하였느냐" "그런즉 이제 둘이 아니요 한 몸이니 그러므로 하나님이 짝지어 주신 것을 사람이 나누지 못할

지니라 하시니" (마 19:5-6).

"내가 너희에게 말하노니 누구든지 음행한 이유 외에 아내를 버리고 다른 데 장가 드는 자는 간음함이니라" (마 19:9).

하나님이 남녀가 결혼으로 한 몸이 되도록 만든 것이므로 인간들 스스로 나눌 수 없다고 말씀합니다. 한 번 결혼하면 이혼하지 말라는 것입니다. 그리고 죄가 되지 않는 이혼의 유일한 경우 대하여도 말씀합니다. 그것은 아내가 부정을 하였을 경우입니다. 이 부정은 결혼 전의 것도 포함됩니다. 두 번째 본문인 신명기 24장 1절, 2절을 보겠습니다.

"사람이 아내를 맞이하여 데려온 후에 그에게 수치되는 일이 있음을 발견하고 그를 기뻐하지 아니하면 이혼 증서를 써서 그의 손에 주고 그를 자기 집에서 내보낼 것이요" "그 여자는 그의 집에서 나가서 다른 사람의 아내가 되려니와" (신 24:1-2).

여기서 수치 되는 일이란 아내가 처녀가 아닌 것을 의미합니다. 이러한 경우에 남편이 이혼할 수 있습니다. 그러나 남편의 부정은 성경적인 이혼 사유가 되지 않는다는 것도 알아야 합니다. 아내가 남편의 부정을 이유로 이혼을 요구하여 갈라서면 그 아내는 이혼의 죄를 짓는 것입니다.

이처럼 아내의 부정을 이유로 남편이 이혼하는 것은 정당한 것이지만 실제로 남편이 이혼하려는 이유는 많은 경우 다른 여자가 있거나 다른 데 장가 들고 싶은 마음이 있기 때문입니다. 성경이 그러한 사실을 암시합니다. 마태복음 19장 8절, 9절을 다시 보겠습니다.

"예수께서 이르시되 모세가 너희 마음의 완악함 때문에 아내 버림을 허락하였거니와 본래는 그렇지 아니하니라" "내가 너희에게 말하노니 누구든지 음행한 이유 외에 아내를 버리고 다른 데 장가 드는 자는 간음함이니라" (마 19:8-9).

8절은 너희 마음의 완악함 때문에 아내 버림을 허락하였다고 말씀합니다. 9절은 아내를 버리고 다른 데 장가 드는 자는 간음하는 것이라고 말씀합니다. 이 두 구절을 연결하면 다른 데 장가 들려고 아내를 버린다는 것을 지적하는 의미가 있습니다.

주님은 이혼과 이혼 후에 재혼하는 것이 죄라고 가르칩니다. 그러나 이 가르침의 핵심은 다른 여자와 살려고 아내와 이혼하려는 악한 남편들의 죄를 지적하는 것입니다.

고대에 여자가 이혼하고 혼자 산다는 것은 수치스러운 것으로 여겨질 뿐 아니라 차별과 무시를 당하게 됩니다. 경제적으로도 궁핍할 수 밖에 없습니다. 그러므로 아내가 남편을 떠나는 일은 별로 없습니다.

고대의 이혼은 대부분 남편이 아내를 버리는 경우입니다. 이혼 당한 여자들의 이러한 처지를 불쌍히 여긴 하나님이 전 남편이 살아있을 때에 재혼하면 죄가 됨에도 불구하고 여자에게 이혼 증서를 써주게 하여 재혼할 길을 열어 주었습니다.

이 말씀을 현실에 적용하면 남편에게 이혼을 당한 여자들은 하나님이 재혼의 길을 열어 놓았으므로 재혼할 수 있습니다. 길을 열어 놓았다는 의미는 이혼 합의나 판결을 통해 법적으로 다시 결혼할 수 있게 하였다는 것입니다.

그러나 전 남편이 살아 있다면 재혼이 죄라는 하나님의 법은 변하지 않았습니다. 그렇다면 죄인 줄 알면서 어떻게 재혼을 할 수 있느냐는 질문을 할 수 있습니다. 본문 두 번째 말씀인 신명기 24장 1절, 2절을 다시 보겠습니다.

"사람이 아내를 맞이하여 데려온 후에 그에게 수치되는 일이 있음을 발견하고 그를 기뻐하지 아니하면 이혼 증서를 써서 그의 손에 주고 그를 자기 집에서 내보낼 것이요" "그 여자는 그의 집에서 나가서 다른 사람의 아내가 되려니와" (신 24:1-2).

이 구절은 결혼한 여자가 수치 되는 일이 발견되어 이혼하게 되었음에도 그 여자는 다른 사람의 아내가 되라고 말씀합니다. 이혼하였지만 다시 결혼할 수 있다고 말씀합니다. 그렇다면 하나님은 무슨 이유로 남편이 살아있는 동안에 다시 결혼하면 간음하는 죄라고 말씀하면서 동시에 재혼을 하라고 하는 것일까요?

하나님은 남자와 여자를 결혼해서 함께 살도록 창조하였습니다. 결혼은 창조 질서이며 남녀 모두에게 본능으로 주어진 것입니다. 성적인 욕구는 하나님이 준 것입니다. 그러므로 성인이 되면 남녀가 부모를 떠나 한 몸을 이루라는 명령까지 한 것입니다.

이러한 전제 하에서 이혼한 여자가 현실에서 실제로 처할 상황을 가정해보겠습니다. 이혼한 여자도 사랑의 본능과 성적인 욕구를 보편적으로 갖고 있을 것입니다. 재혼하여 이러한 감정이 건강하게 충족되지 않는다면 결혼하지 않은 채 이러한 감정을 충족하려는 유혹에 넘어갈 개연성이 있습니다.

현실은 그러한 정황들을 보여주고 있습니다. 그렇다면 이혼한 여자는 음란한 세대의 유혹 속에서 혼자 사는 것보다 다시 결혼하는 편이 나은 것입니다. 고린도전서 7장 8절, 9절도 그렇게 말씀합니다.

"내가 결혼하지 아니한 자들과 과부들에게 이르노니 나와 같이 그냥 지내는 것이 좋으니라" "만일 절제할 수 없거든 결혼하라 정욕이 불 같이 타는 것보다 결혼하는 것이 나으니라" (고전 7:8-9).

이 구절의 말씀은 미혼녀와 과부들에게 한 말씀이지만 절제할 수 없고 정욕이 일어나는 것은 이혼한 여자들 중에도 있을 것입니다. 그렇다면 이혼한 여자들 중에도 결혼하는 편이 나은 사람이 있는 것입니다.

이혼한 남자의 경우에 대하여 살펴보겠습니다. 마태복음 19장 9절에서 12절까지를 보겠습니다.

"내가 너희에게 말하노니 누구든지 음행한 이유 외에 아내를 버리고 다른 데 장가 드는 자는 간음함이니라" "제자들이 이르되 만일 사람이 아내에게 이같이 할진대 장가 들지 않는 것이 좋겠나이다" "예수께서 이르시되 사람마다 이 말을 받지 못하고 오직 타고난 자라야 할지니라" "어머니의 태로부터 된 고자도 있고 사람이 만든 고자도 있고 천국을 위하여 스스로 된 고자도 있도다 이 말을 받을 만한 자는 받을지어다" (마 19:9-12).

주님이 이혼하고 다른 데 장가 드는 것이 간음죄라고 말씀하자 제 자들이 그러한 죄를 짓지 않기 위해 차라리 장가 들지 않는 것이 낫 겠다고 말합니다. 그러자 주님은 모든 사람이 다 이 말을 받지 못하 고 타고 난 자만 받을 수 있다고 말씀합니다.

이 말씀의 뜻은 원래부터 성불구인 사람과 하나님의 일을 위하여 결혼하지 않는 특별한 남자들 외에는 결혼해야 한다는 의미입니다. 이 말씀은 남자들이 결혼하는 편이 낫다는 의미로 한 것이며 그 결 혼에는 재혼도 포함되는 것입니다.

그렇게 이해해야 하는 이유는 조금 전에 설명한 이혼한 여자의 경 우와 같습니다. 이혼 한 남자도 계속 혼자 살면 더 큰 죄에 빠질 수 있으므로 재혼이 죄임에도 불구하고 결혼하라는 것입니다.

죄에는 보응이 있습니다. 이혼을 요구한 사람은 그 죄값을 치르게 됩니다. 재혼하는 사람에게도 죄 값을 물을 것입니다. 하나님이 허락 하여도 죄는 죄입니다. 그렇다면 이러한 죄를 지은 사람이 해야 하 는 것은 우선 이혼과 재혼이 죄인 것을 깨닫는 것입니다.

그리고 회개에 합당한 열매를 맺는 것입니다. 이혼한 사람의 가 장 좋은 회개의 열매는 죄 짓지 않고 혼자 살든지 아니면 이혼한 배 우자와 다시 합하는 것입니다. 고린도전서 7장 10절, 11절을 보겠 습니다.

"결혼한 자들에게 내가 명하노니 명하는 자는 내가 아니요 주시라 여자는 남편에게서 갈라서지 말고" "만일 갈라섰으면 그대로 지내든지 다시 그 남편과 화합하든지 하라 남편도 아내를 버리지 말라" (고전 7:10-11).

그러나 재혼하기를 원한다면 먼저 스스로 거룩한 남편과 아내로 준비되어야 합니다. 예전에 죄 가운데 빠져 있었다면 새롭게 변화되어 거듭난 성도 간의 결혼이 되어야 합니다. 이러한 결혼은 하나님이 합당하게 여길 것입니다.

다시 결혼하여 부부가 서로 사랑하며 하나님의 말씀대로 잘 산다면 그것이 회개의 열매를 맺는 것입니다. 그럴 때에 죄를 사함 받을 뿐 아니라 하나님이 복을 줄 것입니다. 가장 큰 복은 부부가 예수 그리스도를 믿는 믿음 안에서 화목하고 행복하게 사는 복입니다.

우물가에서 예수님을 만난 사마리아 여인은 남편이 다섯 번 바뀌었습니다. 그 중에는 죽은 남편이 있을 수도 있고 이 여인을 버린 남편도 있을 수 있습니다. 이 여인 스스로 남편을 떠난 경우도 있을 지 모릅니다.

어떠한 경우로 남편이 여섯이나 있었는지 성경은 말씀하지 않지만 한 가지 분명한 것은 조금만 살다가 헤어질 계획을 하고 결혼하지는 않았을 것입니다. 여러 차례 남편과 헤어졌음에도 불구하고 이 여인은 만나는 남편마다 다시는 헤어지지 않고 행복하게 살기를 원했을 것입니다.

지금 이혼하고 재혼하는 많은 사람들도 이 사마리아 여인과 다르지 않습니다. 행복할 줄로 알고 결혼했고 끝까지 서로 사랑하며 살

것으로 믿고 결혼한 것입니다. 그러나 어떤 이유에서 인지 이혼하게 되는데 참으로 많은 부부들이 이혼합니다.

그리고 이들은 새롭게 인생을 시작하는 마음으로 다시 결혼합니다. 그러나 안타깝게도 재혼한 사람의 이혼율은 더 높습니다. 미국은 이혼한 사람들의 평균 이혼 수가 두 번을 넘습니다. 사마리아 여인이 특별한 경우가 아닙니다. 우리의 이웃에 사마리아 여인들이 많습니다.

이혼과 재혼이 넘쳐나는 이 시대를 한탄하려는 것은 아닙니다. 재혼을 잘 해야 된다는 것을 말씀하는 것입니다. 이혼을 하지 않는 것이 최선이지만 이미 이혼을 하였다면 앞으로의 삶이 중요합니다. 이혼의 절망적인 경험과 기억에 사로 잡혀 있을 수 만은 없습니다.

이미 배운 대로 하나님은 전 배우자가 살아있는 동안에 재혼하는 것을 죄라고 하였습니다. 그러나 이혼 증서를 주는 은혜를 베풀어 이혼한 여자가 다시 결혼할 수 있는 길을 열어 놓았습니다.

하나님은 남자가 여섯이나 있었던 사마리아 여인도 긍휼히 여기어 예수님을 만나는 은혜를 베풀었듯이 여러분이 지금 이혼하였음에도 은혜 베풀기를 원합니다. 여러분이 주님 같은 남편을 만나 행복하게 살기를 원합니다.

그렇다면 주님 같은 남편은 어떻게 만날 수 있겠습니까? 하나님이 기뻐할 재혼은 어떤 것이겠습니까? 신랑이신 주님은 거룩합니다. 그러므로 신부도 거룩해야 합니다. 신부의 예복은 점도 흠도 없이 빛이 나야 합니다. 신부의 깨끗한 예복은 신부의 옳은 행실을 의미합니다.

여러분이 다시 결혼하기를 원한다면 과거를 회개하고 거듭난 사람이 되어야 합니다. 허물없는 이혼을 하였을지라도 핑계하지 않고 스스로를 살펴 정금같이 나와야 할 것입니다. 먼저 자신이 준비될 때 하나님이 그에 상응하는 남편을 줍니다. 먼저 영적인 남편인 예수를 인격적으로 만나고 육의 남편을 만나야 할 것입니다. 그렇지 않으면 다시 결혼하여도 목 마를 수밖에 없습니다.

예전처럼 세상적인 조건을 기준으로 남편을 찾으면 실패합니다. 물과 성령으로 거듭난 신실한 믿음의 사람을 만나야 합니다. 자신이 먼저 거듭났을 때에 이러한 사람을 만날 수 있습니다. 이러한 결혼 만이 다시 목마르지 않는 결혼, 사탄이 깨뜨리지 못하는 가정이 될 수 있습니다.

이혼한 남자들도 재혼할 수 있습니다. 먼저 스스로를 돌이켜 이혼의 죄를 회개하고 거룩한 남편으로 준비하는 것입니다. 그리고 여호와를 경외하는 어진 여자와 결혼하여 믿음 안에서 아내를 사랑하며 화목한 부부생활을 하십시오.

재혼으로 인한 죄도 사함 받고 전화위복의 행복을 아내와 함께 누리십시오. 이렇게 한다면 재혼의 죄에 대한 회개의 열매를 맺는 것이며 하나님도 기뻐할 결혼이 될 것입니다.

지금부터는 하나님이 간섭하여 이혼하게 되는 경우에 대하여 나누겠습니다. 남편의 인격 장애와 언어 폭력, 불성실, 경제적 무능력 등의 이유로 힘들게 살아온 어떤 사람이 있었습니다. 이 사람은 말씀과 기도와 전도와 섬김의 삶에 충실하고 하나님 앞에 신실하였습니다. 이 사람은 자신의 신앙 양심 때문에 남편으로부터 받는 고난을 오랫동안 참고 지내왔습니다.

　그러나 언제부터 인지 하나님이 남편과 갈라서라는 감동을 주었습니다. 이혼을 죄라고 하신 하나님이 어떻게 남편과 헤어지라는 감동을 주는지 한 동안 살피며 기도하였다고 합니다. 그 때 즈음에 남편은 아내를 죽이겠다는 말을 종종 하기 시작했다고 합니다.

　그러던 어느 날 새벽에 실제로 남편은 이 사람의 잠겨진 방문을 발로 차며 부수고 들어오려 했으며 그 때에 이 사람은 남편이 평소에 말하던 대로 칼로 자신을 죽이려 하는 것이라고 생각했습니다. 그리하여 응급하게 경찰에 도움을 요청하였고 경찰은 이 사람이 그 집을 무사히 떠날 수 있도록 도와주었습니다.

　그 사건 후로 이 사람은 남편과 갈라졌습니다. 하나님은 이 사람을 남편의 위협에서 구하고 남편은 더 큰 죄를 짓지 않도록 하기 위하여 갈라지게 한 것입니다. 모두에게 선하게 역사한 것입니다.

　이 사람은 자신의 이혼이 하나님으로부터 온 것이라는 또 다른 증거가 있다고 합니다. 그것은 남편과 분리된 후의 삶에 관한 것입니다. 20여년간의 고난에서 해방되어 자유롭게 되었으며 하나님은 자신의 지경을 새롭게 하고 넓혀주고 있다고 합니다. 하나님의 일에 전력할 수 있게 되었다고 합니다. 재정적으로도 부족함이 없게 되었다고 합니다.

　남편을 타고 역사하던 사탄이 떠나고 이제 천사들이 수종 들고 있는 형국이 된 것입니다. 자신의 복은 불량한 자의 아내에서 순식간에 왕의 아내가 되어버린 아비가일의 복에 견줄 만한 것이라고 말합니다.

나발과 아비가일의 이야기를 잠시 하겠습니다. 사무엘상 25장 9절에서 11절까지를 보겠습니다.

"다윗의 소년들이 가서 다윗의 이름으로 이 모든 말을 나발에게 말하기를 마치매" "나발이 다윗의 사환들에게 대답하여 이르되 다윗은 누구며 이새의 아들은 누구냐 요즈음에 각기 주인에게서 억지로 떠나는 종이 많도다" "내가 어찌 내 떡과 물과 내 양 털 깎는 자를 위하여 잡은 고기를 가져다가 어디서 왔는지도 알지 못하는 자들에게 주겠느냐 한지라" (삼상 25:9-11).

다윗이 자신과 자신의 병사들이 먹을 음식을 나발에게 부탁하자 나발은 조롱하며 그 부탁을 거절합니다. 나발은 큰 부자로서 한 때 다윗이 그의 양 떼를 지켜주어 신세를 졌던 적이 있었습니다. 그럼에도 불구하고 나발은 신의를 버리고 다윗의 음식 요청을 거절하였습니다.

그러자 다윗은 화가 나서 나발을 죽이려 하였습니다. 그 때에 나발의 아내인 아비가일이 지혜롭게 음식을 준비하여 나발을 죽이려고 오는 다윗에게 사정을 하여 남편은 살리고 다윗의 손에는 피를 묻히지 않게 하였습니다.

사무엘상 25장 25절 26절을 보겠습니다.

"원하옵나니 내 주는 이 불량한 사람 나발을 개의치 마옵소서 그의 이름이 그에게 적당하니 그의 이름이 나발이라 그는 미련한 자니이다 여종은 내 주께서 보내신 소년들을 보지 못하였나이다"(삼상 25:25-26).

아비가일은 나발이 불량하고 미련한 자라고 말합니다. 사무엘상 25장 3절은 나발은 완고하고 행실이 악하다고 하였습니다. 나발은 그 때에 대낮부터 자신의 수하들과 술판을 벌이고 있었습니다. 대낮부터 술 잔치를 벌이며 신의도 저버리고 배고픈 자에 대한 긍휼도 없는 것을 보면 나발은 악하고 불량한 사람인 것이 틀림이 없어 보입니다.

반면에 아비가일은 총명하고 용모가 아름다운 여자라고 성경은 말씀합니다. 실제로 아비가일은 다윗의 칼에 죽을 뻔한 남편의 목숨까지 건진 슬기로운 아내였습니다. 그렇다면 악한 나발이 아내 아비가일에게는 선하게 대우를 하였을까요? 그렇지 않았을 개연성이 매우 큽니다. 왜냐하면 밖에서 불량하고 악한 사람이 집 안에서 선할 리가 없을 것이기 때문입니다.

아내인 아비가일 스스로가 자신의 남편이 불량한 자라고 언급한 것으로 미루어 보아도 나발은 악한 사람이며 동시에 악한 남편이었을 것이라고 쉽게 추정할 수 있습니다. 사무엘상 25장 38절과 42절을 보겠습니다.

"한 열흘 후에 여호와께서 나발을 치시매 그가 죽으니라"(삼상 25:38).
"아비가일이 급히 일어나서 나귀를 타고 그를 뒤따르는 처녀 다섯과 함께 다윗의 전령들을 따라가서 다윗의 아내가 되니라"(삼상 25:42).

이러한 일이 있은 지 십 일쯤 후에 하나님이 나발을 쳐서 죽였으며 나발이 죽자 마자 다윗은 아비가일을 아내로 삼았습니다. 아비가일은 악한 남편에서 해방되었을 뿐더러 동시에 왕비가 되는 큰 복을 받았습니다.

이 이야기를 하는 이유는 악한 남편과 신실한 아내의 경우를 비유로 말씀 드리기 위한 것입니다. 고통 받는 아내를 구원하려고 악한 남편을 죽이기까지 하는 하나님이라면 그 보다는 작은 문제인 이혼을 못하게 할리가 없습니다.

지금 이 설교를 듣고 있는 사람들 중에도 이혼을 생각하거나 이혼 소송을 진행 중인 사람들도 있을 것입니다. 이혼을 결심하기까지는 그 삶이 순탄하지 않았을 것입니다. 그럼에도 불구하고 이혼은 하지 않는 것이 가장 좋은 것입니다. 상대방이 원하지 않는 한 인내와 믿음으로 가정을 지키라는 것입니다. 견딜 만한 핍박은 감수하라는 것입니다. 자신의 이기심과 자존심 때문에 이혼하지 말라는 것입니다.

다른 데 장가들고 시집가려고 이혼하지 않아야 합니다. 이러한 이혼을 한다면 이혼 후에 더 큰 고난이 찾아옵니다. 더욱 목마르게 됩니다. 그러나 하나님이 분리시키는 경우가 있는 것도 사실이므로 성령 안에서 잘 분별해야 할 것입니다.

하나님이 하게 하는 이혼은 애매하지 않습니다. 조금 전에 소개한 경우가 좋은 예입니다. 아내를 죽이려는 남편과 함께 살 수는 없습니다. 아내로서 오랫동안 인내하였고 신실하였고 남편을 불쌍히 여겼지만 남편은 지속적으로 불량할 때 하나님이 갈라서게 합니다.

남편의 악이 찼을 때 성령이 이혼을 도웁니다. 그 때에는 아무 거리낌이나 미련도 가지지 말고 이혼하십시오. 좋은 사람을 만나 재혼도 하십시오. 과거에 붙잡히지 말고 새로운 길로 인도하는 여호와를 찬양하십시오. 인내에 대한 상급이 있을 것입니다. 아비가일의 복이 있을 것입니다

III
가족의 구원

7

원수가 될
믿지 않는 혈육

"내가 세상에 화평을 주러 온 줄로 생각하지 말라 화평이 아니요 검을 주러 왔노라" "내가 온 것은 사람이 그 아버지와, 딸이 어머니와, 며느리가 시어머니와 불화하게 하려 함이니" "사람의 원수가 자기 집안 식구리라" "아버지나 어머니를 나보다 더 사랑하는 자는 내게 합당하지 아니하고 아들이나 딸을 나보다 더 사랑하는 자도 내게 합당하지 아니하며" "또 자기 십자가를 지고 나를 따르지 않는 자도 내게 합당하지 아니하니라" "자기 목숨을 얻는 자는 잃을 것이요 나를 위하여 자기 목숨을 잃는 자는 얻으리라"(마태복음 10:34-39).
"장차 형제가 형제를, 아버지가 자식을 죽는 데에 내주며 자식들이 부모를 대적하여 죽게 하리라" "또 너희가 내 이름으로 말미암아 모든 사람에게 미움을 받을 것이나 끝까지 견디는 자는 구원을 얻으리라"(마태복음 10:21-22).

평강의 왕 예수 그리스도는 세상에 화평을 주러 오지 않았습니다. 세상을 불화하게 하러 왔습니다. 역설적이고 모순된 것 같습니다. 그러나 지금 세상은 분명히 평화롭지 않습니다. 전쟁과 다툼과 피 흘림이 지구 곳곳에서 일어나고 있습니다.

하나님의 장자 된 백성인 이스라엘도 예외가 아닙니다. 매일 로켓

포가 날아옵니다. 평강의 도시라는 의미의 예루살렘은 지금 평강하지 않습니다. 예루살렘의 한 회당에서 예배를 드리던 유대인 다섯 명이 테러를 당해 죽은 사건도 있었습니다.

화평 대신에 검을 주러 왔다는 주님의 말씀이 그대로 응하고 있습니다. 그리스도는 진리입니다. 그러나 세상은 진리를 싫어합니다. 성령을 거부하고 그리스도를 미워합니다. 세상이 예수를 믿지 않음으로 화평이 없는 것입니다. 주님이 불화하게 하고 검을 주러 오셨다는 것은 이러한 의미로 말씀한 것입니다.

본문 말씀은 크게 세 가지의 요지로 되어있습니다. 첫째, 가장 가까운 가족이 믿음의 차이로 원수가 될 수 있다. 둘째, 가족을 주님보다 사랑하거나 죽을 각오로 믿음 생활을 하지 않으면 구원받지 못한다. 셋째, 예수를 믿음으로 핍박을 받을 것이나 목숨을 잃는다는 각오로 견디는 사람은 구원받는다. 이 세 가지의 말씀을 하나씩 풀어가며 설명하겠습니다.

첫째, 가족이 원수가 된다는 것에 대하여 나누겠습니다. 예수를 믿으면 가정이 반드시 더 화목하게 되는 것이 아닙니다. 가족 간에는 보통 믿음의 차이 만큼 불화합니다. 믿음이 함께 작았을 때에는 화목했던 부부가 한쪽이 큰 은혜를 받거나 성령을 받아 믿음이 커져버리면 그 때부터 불화가 시작됩니다. 이것은 별로 예외가 없습니다. 이것은 영적인 원리입니다.

믿음이 없거나 약한 사람은 성령의 지배를 받지 않습니다. 악한 영의 영향 아래에 있습니다. 악한 영은 성령충만한 사람을 대적하려는 경향이 있습니다. 성령이 강하게 역사할수록 비례하여 강하게 대적합니다. 부부간에 또는 가족 간에 믿음의 차이로 인한 불화가 있을 때에는 이러한 지식을 갖고 대처해야 합니다.

이러한 상황에서는 은혜를 많이 받은 사람이 대적하는 믿음 약한 사람을 모두 소화해야 합니다. 함께 다투면 사탄에게 넘어가는 것입니다. 이러한 과정을 겪으면서 믿음이 작은 사람을 인도해야 합니다. 이 기간이 길 수도 있고 짧을 수도 있습니다. 갈등이 크고 빈번할 수도 있고 적을 수도 있습니다. 어쨌던 이러한 과정은 반드시 겪게 됩니다.

본문 말씀은 특별히 마지막 때에는 단순한 불화가 아니라 가족 간에 서로 죽이는 상황에 이른다고 경고합니다. 마지막 때에는 사탄도 때가 찬 줄 알고 더욱 기승을 부리기 때문입니다.

그리스도 안에서 한 믿음을 가지면 불화하지도 대적하지도 죽이는데 내주지도 않습니다. 그러나 믿음이 있는 사람과 없는 사람의 관계이면 그것이 부모 자식 간에든지 형제 지간이든지 부부 지간이든지 상관없이 서로 원수가 됩니다. 본문말씀 중 마태복음 10장 35절, 36절을 다시 보겠습니다.

"내가 온 것은 사람이 그 아버지와, 딸이 어머니와, 며느리가 시어머니와 불화하게 하려 함이니" "사람의 원수가 자기 집안 식구리라" (마 10:35-36).

이것은 믿음과 관련하여 발생하는 가족 간의 불화입니다. 성경에는 구체적인 부연 설명이 없으므로 처음에 이 구절을 접할 때는 이해가 가지 않을 수 있습니다. 주님이 가정을 화목하게 할 것인데 불화하게 하러 왔다고 말씀하는 것을 이해하기 어렵습니다.

가족 중에도 주님을 믿는 사람과 주님을 믿지 않는 사람이 있습니다. 그럴 경우에 서로 간에 불화하게 됩니다. 이러한 이해를 전제로 이 구절을 다시 풀면 다음과 같습니다. "내가 온 것은 믿지 않는 아들이 믿는 아버지와, 믿음이 없는 딸이 믿음이 좋은 어머니와, 예수를 모르는 며느리가 예수를 믿는 시어머니와 불화하게 하려 함이니" "예수를 믿는 자들의 원수가 예수를 모르는 자기 집안 식구리라"는 의미로 쓰여진 것입니다.

과거에 이런 상황을 경험한 분들이나 현재도 이러한 상황에서 믿음 생활을 하는 분들이 있을 것입니다. 그런데 때가 가까울수록 이러한 일이 심화됩니다. 믿지 않는 부모가 믿는 자녀를, 믿지 않는 자녀가 믿는 부모를 죽도록 만드는 지경까지 가게 됩니다. 지금이 이 말씀이 응하는 마지막 때입니다.

나의 할아버지와 할머니는 육이오 동란 때에 이와 비슷한 것을 경험하였습니다. 가족은 아니었지만 한 동네에 사는 이웃이 나의 조부모님을 죽는데 넘겨주었습니다. 나의 조부모님은 예수를 믿었습니다. 나의 할머니는 교회에서 성경을 가르쳤다고 합니다. 두 분은 육이오 전쟁 때 예수를 믿는 이유로 공산군에 의해 죽임을 당하였습니다.

그 당시 나의 할아버지는 숨어 있었는데 동네 사람 중에 하나가 북괴군에게 일러서 잡혀 죽었다고 합니다. 나의 어머니에게 들은 이야기입니다. 나의 조부모님을 죽음에 내준 사람은 가족은 아니었지만 한 동네 사람이었습니다. 시골의 작은 마을의 한 동네 사람이면 가족과 마찬가지였을 텐데 가족 같은 이웃을 죽게 만든 것입니다.

아마도 그 사람은 평소에 나의 조부모가 예수 믿는 것을 싫어했을 수도 있습니다. 아니면 다른 이유가 있었을 수도 있습니다. 그 이유가 무엇이든지 그 사람이 예수를 믿지 않았거나 예수를 믿어도 바르게 믿지 않았던 사람인 것만은 사실일 것입니다. 이처럼 믿지 않는 자는 믿는 자를 죽음에 내주는데 그것도 가까운 사람이 그렇게 합니다.

이러한 일은 교회 안에서도 일어날 수 있습니다. 믿음이 작은 사람, 거듭나지 않은 교인들은 환난이 왔을 때 돌아설 수 있습니다. 그리하여 나의 할아버지를 적에게 신고한 사람처럼 형제 교인을 죽음에 몰아넣을 수 있습니다. 실제로 아프리카의 콩고에서는 목사가 자신의 교회의 교인들을 죽게 한 일이 있었습니다.

이 이야기는 아프리카의 한 목사로부터 들은 이야기 입니다. 콩고는 1990년대부터 10년 넘게 내란을 겪었습니다. 내란 중에 많은 기독교인들도 죽임 당하였는데 목사가 직접 적에게 교인들의 집을 알려주어 죽게 한 일이 있었다고 합니다. 그러한 일이 얼마나 빈번하게 있었는지 모르지만 전쟁의 환난 가운데 목사가 교인들을 죽이는데 내 주었습니다.

아마도 그 목사는 자신의 목숨을 건지려고 그렇게 했을 수도 있습니다. 어떤 이유이든지 교인을 죽음에 내준 그 목사는 거짓 목사임이 분명합니다. 마지막 때의 거짓목사는 교인의 영혼을 지옥으로 끌고 갈 뿐더러 육체의 생명까지도 죽음으로 끌고 간다는 것이 콩고의 거짓 목사의 예를 통해서 배우는 교훈입니다. 이처럼 이웃이 이웃을 심지어는 목사가 교인을 죽는데 내주는 일이 전쟁이나 환난의 때에 벌어진다는 것을 실제로 있었던 사건을 예로 들어 살펴보았습니다.

휴거가 임박합니다. 휴거 후에는 7년 대환난으로 들어갑니다. 이 환난은 육이오 전쟁이나 콩고 내전과는 비교도 되지 않을 정도의 큰 재앙입니다. 예배가 금지되고 복음을 전할 수 없게 됩니다. 천재지변으로 집이 없어지고 식량이 부족하여 굶게 됩니다. 짐승의 표를 받게 할 것이며 이를 거부하면 목 베임을 당할 것입니다. 감당 못할 환난과 핍박으로 오히려 죽기를 구할 것입니다.

이러한 때에는 믿지 않는 자들은 그들이 누구이든지 믿는 자들을 원수로 대적할 것이며 죽음에 넘겨주려 할 것입니다. 그러므로 이제는 나의 가족이나 이웃이 나를 죽음에 내 줄 수 있다는 것과 같은 교회의 교인이나 목사가 배반하여 서로를 죽음에 내 줄 수도 있다는 사실을 염두해야 합니다.

휴거 전에도 이러한 일을 경험하게 될 수 있습니다. 그 이유는 휴거 전에도 상당한 환난과 핍박이 있을 것이기 때문입니다. 현재 지구의 많은 곳이 환난에 처해 있습니다. 시리아는 난민이 사백만 명이나 됩니다. 아프리카와 중동의 국가들은 전쟁과 내란과 소요가 없는 나라가 거의 없습니다.

지금 전세계적으로 크리스천들이 테러를 당하고 죽임 당하고 있습니다. 교회가 부서지고 불에 타고 있습니다. 지금은 순교의 시대입니다. 세계 곳곳에서 거의 매일 기독교인이 죽임 당하는 소식을 접합니다. 예수를 믿는 이유로 핍박 받는 소식이 전해집니다. 우리는 지금 인류 역상상 가장 악한 때를 살고 있습니다.

미국은 동성결혼을 연방법으로 인정하였습니다. 한국은 시청 앞 광장에서 벗은 몸으로 동성애자 축제를 합니다. 소돔과 고모라에서 멸망한 사람들이 항의를 할 세상에 살고 있습니다. 소돔과 고모라보다 더 악한 이 세상을 보고 그들이 하나님께 탄원할 것입니다.

미국과 한국에는 아직 피부로 느낄 만한 큰 환난이 오지 않았습니다. 그러나 곧 시작될 것입니다. 주님이 조금 더 인내하고 있습니다. 한편으로는 큰 심판을 위하여 죄가 더욱 관영해지기를 기다리고 있습니다. 휴거 전의 환난 때에도 가까이 있는 사람이 적이 되는 것을 경험할 것입니다. 그러므로 깨어 있어야 합니다.

심판의 때 환난의 날에 혈육과 친지들이 대적하는 것은 구약의 미가서에도 예언되어 있습니다. 미가 7장 4절에서 7절까지를 보겠습니다.

"그들의 가장 선한 자라도 가시 같고 가장 정직한 자라도 찔레 울타리보다 더하도다 그들의 파수꾼들의 날 곧 그들 가운데에 형벌의 날이 임하였으니 이제는 그들이 요란하리로다" "너희는 이웃을 믿지 말며 친구를 의지하지 말며 네 품에 누운 여인에게라도 네 입의 문을 지킬지어다" "아들이 아버지를 멸시하며 딸이 어머니를 대적하며 며느리가 시어머니를 대적하리니 사람의 원수가 곧 자기의 집안 사람이리로다" "오직 나는 여호와를 우러러보며 나를 구원하시는 하나님을 바라보나니 나의 하나님이 나에게 귀를 기울이시리로다" (미 7:4-7).

이 구절에서 "파수꾼의 날" "형벌의 날"은 그 당시 이스라엘을 심판하는 날을 의미하며 동시에 마지막 심판의 때를 의미합니다. 예언서의 심판에 관한 말씀은 종종 그 당시와 세상 끝 날의 심판을 이중적으로 예언합니다.

심판의 때에는 하나님 외에는 아무도 믿거나 의지하지 말 뿐더러 가깝고 친한 사람들을 더 조심하라고 말씀합니다. 예수님이 인용한 미가서 7장 6절을 다시 보겠습니다.

"아들이 아버지를 멸시하며 딸이 어머니를 대적하며 며느리가 시어머니를 대적하리니 사람의 원수가 곧 자기의 집안 사람이리로다" (미 7:6).

부자 간에, 모녀 간에, 며느리와 시어머니 사이가 원수처럼 되어 다툽니다. 이러한 일이 발생하는 것은 설교 서두에 말씀드린 것 처럼 영적인 문제로 인한 것입니다. 믿음의 차이로 영적 전쟁을 하는 것입니다. 이러한 때에는 부부 간에도 비밀을 말하지 말라고 합니다. "네 품에 누운 여인에게라도 네 입의 문을 지키라"는 것이 그 의미입니다.

그리스도 안에 함께하지 않으면 남편이나 아내도 못 믿습니다. 부부도 주님 안에서 같은 믿음을 가질 때에 믿을 수 있고 의지할 수 있습니다. 세상 끝 날의 징조 가운데 사는 우리는 가족과 친지와 이웃이 적이 되지 않도록 그들을 그리스도께로 인도해야 합니다. 거듭난 크리스천이 되도록 섬기고 도와주어야 합니다.

둘째, 혈육을 주님보다 더 사랑하거나 목숨을 걸고 주를 따르지 않으면 구원받지 못한다는 내용에 대하여 나누겠습니다. 본문 말씀

중 마태복음 10장 37절에서 39절까지를 다시 보겠습니다.

"아버지나 어머니를 나보다 더 사랑하는 자는 내게 합당하지 아니하고 아들이나 딸을 나보다 더 사랑하는 자도 내게 합당하지 아니하며" "또 자기 십자가를 지고 나를 따르지 않는 자도 내게 합당하지 아니하니라" "자기 목숨을 얻는 자는 잃을 것이요 나를 위하여 자기 목숨을 잃는 자는 얻으리라" (마 10:37-39).

이 말씀을 해석하기 전에 우선 이 구절이 가족 간에 불화하게 되고 원수가 될 것이라는 말씀에 이어서 계속된다는 사실에 주목하려 합니다. 이렇게 연결되는 이유는 가족 간에 믿음의 차이가 있으면 불화가 일어나는 것이 당연하지만 이 불화가 두려워 믿지 않는 부모나 자녀의 뜻을 따르거나 타협하게 될 것에 대한 경고를 하는 것입니다. 이 구절은 주님께 합당하지 않은 세 가지의 경우를 말씀합니다.

첫째, 부모를 주님보다 더 사랑 하는 사람은 합당하지 않습니다. 성경은 부모를 공경하라고 가르칩니다. 십계명의 다섯째 계명이며 사람과의 관계에 대한 계명 중에 첫째 계명입니다. 그러나 부모에 대한 공경과 순종도 주님의 가르침 안에서 하는 것입니다.

부모의 가르침이 성경과 맞지 않을 때는 거역해야 합니다. 그렇게 하는 것이 주님을 부모보다 더 사랑하는 것입니다. 그리스도 안에서 거듭나지 않은 부모나 믿지 않는 부모는 자녀를 세상의 가치관이나 부모의 의지대로 양육하려 합니다. 물과 성령으로 거듭난 자녀는 이러한 부모와 불화를 겪을 수 밖에 없습니다.

이러한 부모는 자신의 말에 순종하지 않는 자식을 대적할 것입니다. 환난의 때에는 이러한 일이 심화되어 부모가 자식을 죽는데 내주기까지 합니다. 이것은 그 부모가 자녀를 미워해서 그런 것이 아닙니다. 부모가 그리스도를 미워하므로 믿는 자식도 미워하고 죽게 하는 것입니다. 요한복음 15장 18절, 19절이 그렇게 말씀합니다.

"세상이 너희를 미워하면 너희보다 먼저 나를 미워한 줄을 알라" "너희가 세상에 속하였으면 세상이 자기의 것을 사랑할 것이나 너희는 세상에 속한 자가 아니요 도리어 내가 너희를 세상에서 택하였기 때문에 세상이 너희를 미워하느니라" (요 15:18-19).

둘째, 자녀를 주님보다 더 사랑하는 자도 주님께 합당하지 않습니다. 이러한 경우에 해당되는 부모들이 많습니다. 자녀가 믿음이 없음에도 너그럽고, 거룩하지 않음에도 별로 개의치 않습니다. 믿음 없는 부모가 자녀를 거룩하지 않게 양육하는 경우는 차치하고 믿음이 있다는 부모들 조차도 자식들의 구원받지 못한 삶에 대하여 관용합니다.

이러한 부모들은 자녀의 믿음에 대하여도 어느 정도 관심을 가지고 중요성을 가르치기는 하지만 보통은 중간에서 타협합니다. 부모가 자녀를 완전한 믿음의 사람으로 양육하지 않는 것은 자녀를 주님보다 더 사랑하는 것입니다.

엘리 제사장이 자녀를 그렇게 교육하였습니다. 그의 두 아들도 제사장이었는데 타락한 제사장들이었습니다. 아버지 엘리가 제대로 믿음 안에서 양육하지 않았습니다. 그들의 죄를 알고도 지적하지 않았습니다. 이렇게 한 것은 자식을 하나님보다 더 사랑하는 것입니다. 아버지 엘리와 아들 둘은 모두 한 날에 죽었습니다.

자녀의 미래를 위하여 저축하는 것도 자녀를 주님보다 더 사랑하는 것입니다. 성경은 저축하지 말고 가난한 자를 도우라고 가르칩니다. 그러므로 자녀에게 재산을 물려주려는 것은 주님의 가르침에 어긋나는 것입니다. 자식을 주님보다 더 사랑하는 것입니다. 주님은 이러한 사람들이 마땅치 않다고 합니다.

셋째, 자기 십자가를 지고 주를 따르지 않는 자도 마땅치 않습니다. 자기 십자가를 진다는 것은 무거운 십자가를 지고 언덕을 오르는 고생을 한다는 뜻이 아닙니다. 죄수가 십자가를 지고 가는 것은 십자가에 자신이 달리기 위한 것입니다.

자기 십자가를 진다는 것은 죽을 준비를 한다는 것이며 죽을 각오를 하고 주를 따르는 것입니다. 예수를 믿는 것은 실제로 목숨을 거는 것이며 죽을 위험을 감수하면서도 주만 따르는 것입니다. 이 정도로 주를 따를 수 있는 사람만 주께 합당합니다.

넷째, 예수를 믿음으로 핍박을 받을 것이지만 목숨을 잃는다는 각오로 견디는 사람은 구원받습니다. 본문 말씀 중 마태복음 10장 39절과 10장 22절을 보겠습니다.

"자기 목숨을 얻는 자는 잃을 것이요 나를 위하여 자기 목숨을 잃는 자는 얻으리라" (마 10:39).
"또 너희가 내 이름으로 말미암아 모든 사람에게 미움을 받을 것이나 끝까지 견디는 자는 구원을 얻으리라" (마 10:22).

예수를 믿으면 고난을 받고 목숨까지 잃게 되지만 그 영혼은 구원받습니다. 그 죽음이 심지어는 부모나 자식에 의한 것일 수도 있다는 것이 주어진 본문 전체를 통하여 말씀하는 것입니다.

이렇게 되는 것은 결코 기쁜 일이 아닙니다. 이렇게 되는 것은 가슴 아픈 일이고 슬픈 일입니다. 그러나 이미 그러한 때가 되었습니다. 그렇다면 믿는 우리는 부모와 자식 간에 서로 죽는데 내 줄 수도 있는 이러한 때가 눈 앞에 닥친 지금 어떻게 대처를 해야 하겠습니까?

그것은 가족을 전도하는 것입니다. 부모와 자녀와 형제들을 주께로 인도해야 합니다. 예수를 믿어도 거듭나지 않은 가족들은 거듭나고 성화된 삶을 살도록 인도해야 합니다. 그것 만이 이러한 비극을 막을 수 있는 유일한 길이며 최고의 방법입니다.

주님은 제자들에게 예루살렘부터 시작하여 점점 먼 곳으로 나아가 전도하라고 하였습니다. 사도행전 1장 8절을 보겠습니다.

"오직 성령이 너희에게 임하시면 너희가 권능을 받고 예루살렘과 온 유대
와 사마리아와 땅 끝까지 이르러 내 증인이 되리라 하시니라" (행 1:8).

이 말씀을 삶에 적용하면 부모와 자식을 우선 전도하고 그 다음에 형제를 전도하고 남도 전도하라는 의미입니다. 또 예수님은 열 두 제자에게 멀리 가지 말고 이스라엘의 잃어버린 양에게로 가라고 말

씀하였습니다. 마태복음 10장 5절, 6절을 보겠습니다.

"예수께서 이 열둘을 내보내시며 명하여 이르시되 이방인의 길로도 가지
말고 사마리아인의 고을에도 들어가지 말고" "오히려 이스라엘 집의 잃
어버린 양에게로 가라" (마 10:5-6).

이 말씀을 삶에 적용하면 안 믿는 사람보다는 이미 예수를 믿었
으나 믿음에서 떠난 자 또는 예수를 믿지만 거듭나지 못한 사람들을
먼저 구원받도록 인도하라는 의미입니다. 하나님은 예수를 주로 영
접했던 사람을 우선합니다.

그러므로 가족 중에도 전혀 믿지 않거나 다른 종교를 가진 사람보
다 믿음이 약한 사람, 믿어도 거듭나지 않은 사람을 우선 전도의 대
상으로 삼아야합니다. 이러한 원칙을 기준으로 혈육들을 구원해야
합니다. 때가 되면 돌아오겠지라고 말하는 것은 옳지 않습니다. 왜냐
하면 주님 오는 날이 임박하기 때문입니다.

기도하고 전도하여 죽은 영혼들을 살려야 하는데 이제 급박하게
그러한 일을 이루어야 합니다. 하늘에서 나팔소리가 들리기 전에 여
러분과 여러분의 모든 혈육들이 주께 돌아오게 되기를 곧 오실 메시
아 우리 주 그리스도 예수의 이름으로 축복합니다.

8
부모와 자녀가
함께 망하는 죄

"내가 그의 집을 영원토록 심판하겠다고 그에게 말한 것은 그가
아는 죄악 때문이니 이는 그가 자기의 아들들이 저주를 자청하
되 금하지 아니하였음이라" (사무엘상 3:13).

인간은 태어나자 마자 순종해야 할 세상의 권위가 주어집니다. 그
들은 부모입니다. 다른 권위들은 스스로 선택할 수 있고 변경할 수
도 있습니다. 예를 들어 대통령이 마음에 들지 않으면 이민을 가면
됩니다. 시장이 악하면 다른 시로 이사를 할 수 있습니다. 기독교 학
교에 입학함으로 믿는 교사를 선택할 수 있습니다. 참 교회의 목사
를 선택하여 설교를 들을 수 있습니다. 남편도 선택할 수 있습니다.

그렇지만 부모는 처음부터 변경할 수 없이 주어지는 권위입니다.
이는 마치 하나님이 태초부터 모든 인간들의 권위로 주어지는 것과
같습니다. 그래서인지 우리는 하나님과 혈육의 아버지를 동일하게
아버지라고 부릅니다.

성경은 권위에 순종하라고 가르칩니다. 특별히 날 때부터 주어지
고 변경할 수 없는 권위인 부모에게 자녀들이 순종하는 것을 엄격하

게 가르칩니다. 그리하여 자녀가 부모를 공경해야 하는 것을 법으로
제정하였습니다.

부모를 공경하라는 계명은 십계명 중 다섯째 계명입니다. 인간과
인간의 관계를 정한 법 중 첫째 계명입니다. 살인하지 말라는 여섯째
계명보다 더 중요하게 주어진 법입니다. 출애굽기 20장 12절과 레위
기 20장 9절을 보겠습니다.

> "네 부모를 공경하라 그리하면 네 하나님 여호와가 네게 준 땅에서 네 생
> 명이 길리라" (출 20:12).
> "만일 누구든지 자기의 아버지나 어머니를 저주하는 자는 반드시 죽일지
> 니 그가 자기의 아버지나 어머니를 저주하였은즉 그의 피가 자기에게로
> 돌아가리라" (레 20:9).

부모를 저주하는 자녀는 죽이라는 법을 제정할 정도이니 자녀의
부모에 대한 공경과 순종이 얼마나 엄중한 일인지 알 수 있습니다.
자녀로부터 절대적인 권위가 주어진 부모에게 하나님은 이에 상응
할 만한 책임도 부여하였습니다. 그 책임은 자녀의 교육에 관한 것
입니다.

하나님이 부모들에게 자녀 양육의 책임을 엄격하게 부여한 이유
는 원래의 부모인 하나님이 혈육의 부모들에게 자녀에 대한 교육을
위임하였기 때문입니다. 하나님은 "너희 부모들은 내 아들 딸을 잘
보호하고 양육하고 훈육해야 할 지니라"고 말씀한 것입니다.

그리고 자녀 교육에 대한 지침을 주었습니다. 그것은 자녀를 하

나님의 말씀대로 교육하는 것입니다. 성경을 자녀 양육의 교과서로 삼는 것입니다. 이 법도 자녀들이 부모를 공경하라는 법 만큼 매우 중요하고 엄격하게 주어졌습니다. 신명기 11장 18절, 19절을 보겠습니다.

> "이러므로 너희는 나의 이 말을 너희의 마음과 뜻에 두고 또 그것을 너희의 손목에 매어 기호를 삼고 너희 미간에 붙여 표를 삼으며" "또 그것을 너희의 자녀에게 가르치며 집에 앉아 있을 때에든지, 길을 갈 때에든지, 누워 있을 때에든지, 일어날 때에든지 이 말씀을 강론하고" (신 11:18-19).

하나님의 말씀을 마음에 두고 자녀를 성경 말씀대로 열심히 가르치라고 말씀합니다. 자녀들이 앉아 있을 때에도, 길을 갈 때에도, 누워 있을 때에도, 일어날 때에도 성경을 가르치라고 말씀합니다. 부모가 자녀를 하나님의 말씀대로 가르치고 훈육해야 하는 것이 얼마나 중요한 계명인지 강조하는 말씀입니다.

부모를 자녀의 절대적인 권위로서 세운 하나님이 자녀를 하나님의 말씀대로 잘 훈육할 것도 절대적인 명령으로 주었습니다. 따라서 부모를 공경하라는 계명과 자녀를 하나님의 말씀대로 가르치라는 계명은 동등하게 매우 중요한 법입니다. 지금부터는 이 두 계명 중에 자녀를 잘 교육하라는 계명을 주제로 나누겠습니다.

성경에는 자녀 교육을 잘못 시킨 대표적인 한 인물이 있습니다. 그 사람의 이름은 엘리입니다. 엘리 제사장은 자식 교육을 잘못하여 본

인과 자식이 함께 멸망한 대표적인 성경의 인물입니다. 본문 말씀을
보겠습니다

"내가 그의 집을 영원토록 심판하겠다고 그에게 말한 것은 그가 아는 죄
악 때문이니 이는 그가 자기의 아들들이 저주를 자청하되 금하지 아니 하
였음이라"(삼상 3:13).

하나님이 엘리의 집을 영원토록 심판하겠다고 합니다. 그 이유는
엘리의 아들들이 저주 받을 큰 죄를 지었음에도 엘리가 금하지 않았
기 때문입니다. 여기서 유념할 포인트는 엘리의 아들들이 죄를 지어
서 엘리의 가문을 심판한다고 말씀하지 않았다는 것입니다.
　엘리의 자식들이 죄를 지은 것은 사실이지만 그것이 집안이 영원
토록 심판을 받는 벌을 받은 이유는 아닙니다. 엘리의 가문이 망하
게 되는 이유는 엘리가 자식들이 죄 짓는 것을 보고도 교육을 제대
로 하지 않았기 때문이라는 것이 포인트입니다.
　엘리의 아들들이 어떻게 악하였는지 보겠습니다. 사무엘상 2장 12
절에서 17절까지와 2장 22절을 보겠습니다.

"엘리의 아들들은 행실이 나빠 여호와를 알지 못하더라""그 제사장들이
백성에게 행하는 관습은 이러하니 곧 어떤 사람이 제사를 드리고 그 고기
를 삶을 때에 제사장의 사환이 손에 세 살 갈고리를 가지고 와서""그것
으로 냄비에나 솥에나 큰 솥에나 가마에 찔러 넣어 갈고리에 걸려 나오는
것은 제사장이 자기 것으로 가지되 실로에서 그 곳에 온 모든 이스라엘 사

람에게 이같이 할 뿐 아니라" "기름을 태우기 전에도 제사장의 사환이 와서 제사 드리는 사람에게 이르기를 제사장에게 구워 드릴 고기를 내라 그가 네게 삶은 고기를 원하지 아니하고 날 것을 원하신다 하다가" "그 사람이 이르기를 반드시 먼저 기름을 태운 후에 네 마음에 원하는 대로 가지라 하면 그가 말하기를 아니라 지금 내게 내라 그렇지 아니하면 내가 억지로 빼앗으리라 하였으니" "이 소년들의 죄가 여호와 앞에 심히 큰 그들이 여호와의 제사를 멸시함이었더라" (삼상 2:12-17).
"엘리가 매우 늙었더니 그의 아들들이 온 이스라엘에게 행한 모든 일과 회막 문에서 수종 드는 여인들과 동침하였음을 듣고" (삼상 2:22).

엘리의 아들들은 제사장이었습니다. 이들은 엘리의 대를 이어 이스라엘의 영적 지도자로 세워져야 할 사람들입니다. 제사장의 첫째 사명은 제사법을 잘 지키는 것이 아닙니다. 물론 제사법도 하나님이 정한 대로 잘 지켜야 하겠지만 제사장에게 가장 우선적이고 중요하게 주어진 법은 사람들에게 거룩한 것과 거룩하지 않은 것을 구별하여 가르치는 것입니다. 에스겔 44장 23절을 보겠습니다.

"내 백성에게 거룩한 것과 속된 것의 구별을 가르치며 부정한 것과 정한 것을 분별하게 할 것이며" (겔 44:23).

제사장이 거룩하고 정한 것과 속되고 부정한 것을 분별하도록 백성을 가르쳐야 한다면 제사장 스스로는 더욱 깨끗하고 거룩해야 할 것입니다. 그럼에도 불구하고 제사장인 엘리의 아들들은 행실이 악하기가 세상의 강도와 치한을 방불합니다.

하나님께 바칠 고기를 빼앗고 회막에서 수종 드는 여인들과 간음하였습니다. 한두 번 실족하여 한 것이 아니라 온 세상이 다 알 정도입니다. 상습적으로 성물을 도둑질하고 음란한 짓을 한 것입니다. 사무엘상 2장 29절을 보겠습니다.

"너희는 어찌하여 내가 내 처소에서 명령한 내 제물과 예물을 밟으며 네
아들들을 나보다 더 중히 여겨 내 백성 이스라엘이 드리는 가장 좋은 것
으로 너희들을 살지게 하느냐"(삼상 2:29).

이 구절에는 "네 아들들을 나보다 더 중히 여겨"라는 표현이 있습니다. 이 말씀은 엘리가 아들들의 이러한 죄를 알고도 책망하지 않은 것을 의미합니다.

사무엘상 2장 22절에서 24절까지를 보겠습니다.

"엘리가 매우 늙었더니 그의 아들들이 온 이스라엘에게 행한 모든 일과
회막 문에서 수종 드는 여인들과 동침하였음을 듣고" "그들에게 이르되
너희가 어찌하여 이런 일을 하느냐 내가 너희의 악행을 이 모든 백성에게
서 듣노라" "내 아들들아 그리하지 말라 내게 들리는 소문이 좋지 아니하
니라 너희가 여호와의 백성으로 범죄하게 하는도다"(삼상 2:22-24).

엘리가 아들들에게 죄에서 돌이킬 것을 말하였지만 이미 때가 늦었습니다. 엘리가 아들들을 책망한 때는 그들의 죄가 찰 때로 차고

온 이스라엘이 그들의 죄를 알게 되는 지경까지 갔을 때였습니다. 엘리는 그 전에 아들들을 잘 훈계하여 죄에서 돌이키도록 하여야 했습니다.

사무엘상 2장 25절을 보겠습니다.

"사람이 사람에게 범죄하면 하나님이 심판하시려니와 만일 사람이 여호와께 범죄하면 누가 그를 위하여 간구하겠느냐 하되 그들이 자기 아버지의 말을 듣지 아니하였으니 이는 여호와께서 그들을 죽이기로 뜻하셨음이더라"(삼상 2:25).

사람이 이 정도로 악하지는 않아야 합니다. 긍휼이 많은 하나님이 죽이기로 작정할 정도로 악하지는 않아야 합니다. 죄가 차고 넘치는데도 오랫동안 돌이키지 않으면 회개할 기회를 얻지 못합니다. 하나님이 회개하는 마음을 주지 않습니다. 그리하여 엘리의 아들 홉니와 비느하스는 아버지의 마지막 훈계도 듣지 않고 결국에 멸망했습니다.

사무엘상 2장 31절에서 34절까지를 보겠습니다.

"보라 내가 네 팔과 네 조상의 집 팔을 끊어 네 집에 노인이 하나도 없게 하는 날이 이를지라""이스라엘에게 모든 복을 내리는 중에 너는 내 처소의 환난을 볼 것이요 네 집에 영원토록 노인이 없을 것이며""내 제단에서 내가 끊어 버리지 아니할 네 사람이 네 눈을 쇠잔하게 하고 네 마음을 슬프게 할 것이요 네 집에서 출산되는 모든 자가 젊어서 죽으리라""네 두 아들 홉니와 비느하스가 한 날에 죽으리니 그 둘이 당할 그 일이 네게 표징이 되리라"(삼상 2:31-34).

하나님은 엘리의 집안을 저주하였습니다. 그 저주는 후손 대대로 젊은 나이에 죽는 것이고 엘리의 두 아들도 같은 날에 죽는 것입니다. 이 예언은 사무엘상 4장 17절, 18절에서 이루어졌습니다.

"소식을 전하는 자가 대답하여 이르되 이스라엘이 블레셋 사람들 앞에서 도망하였고 백성 중에는 큰 살륙이 있었고 당신의 두 아들 홉니와 비느하스도 죽임을 당하였고 하나님의 궤는 빼앗겼나이다" "하나님의 궤를 말할 때에 엘리가 자기 의자에서 뒤로 넘어져 문 곁에서 목이 부러져 죽었으니 나이가 많고 비대한 까닭이라 그가 이스라엘의 사사가 된 지 사십 년이었더라"(삼상 4:17-18).

엘리의 두 아들과 엘리 제사장이 같은 날에 죽었습니다. 두 아들은 전쟁 중에 죽었고 아버지는 아들의 사망 소식을 듣자 마자 의자에서 넘어져 죽었습니다. 엘리 집안에 대한 저주가 시작된 것입니다.
지금까지는 엘리의 두 아들의 죄와 엘리 집안의 저주에 관한 내용을 주로 살펴보았습니다. 그러나 처음에 언급한 것처럼 이 설교의 핵심 주제는 엘리의 아들들의 죄에 관한 것은 아닙니다. 이 설교에서 중점을 두려는 것은 엘리 제사장의 죄에 관한 것입니다.
홉니와 비느하스가 이처럼 악하게 된 배경에는 엘리의 자녀 교육에 대한 문제가 있었기 때문입니다. 엘리의 잘못 된 자녀 교육이 자녀들이 지은 죄와 동일하게 큰 죄라는 사실을 지적하는 것입니다. 엘리 제사장이 자녀 교육을 바르게 하지 않은 배경에 대하여 살펴보겠습니다.

엘리는 의자에서 뒤로 넘어져 죽었습니다. 보통의 사람들은 의자에서 뒤로 넘어진다고 죽지 않습니다. 그러나 엘리는 의자에서 넘어져 목이 부러져 죽었는데 그 이유가 성경에 있습니다. 엘리가 비대하였기 때문입니다.

고대에 먹을 것이 그리 풍족하지 않던 시대에는 비만한 자가 별로 없었을 것입니다. 보통은 건강을 유지하기에 적절한 정도의 양식으로 살았습니다. 그러므로 제사장 엘리가 비만하였다면 그 이유가 있는 것입니다. 사람들의 헌물로 자신의 배만 채운 것입니다. 이는 북한 주민은 모두 야위었는데 김정은만 비만한 것과 유사한 것입니다.

엘리가 목이 부러져 사망한 원인이 그의 비만 때문이라는 사실이 성경에 기록되어 있는 이유가 있습니다. 비만은 탐심을 반영합니다. 즉 엘리가 탐심이 있는 자라는 것을 알게 하려고 비대하여 목이 부러졌다고 표현한 것입니다.

엘리는 탐심으로 두 아들이 도둑질한 성물을 알고도 함께 먹은 것입니다. 그러므로 그들의 죄를 알고도 오랫동안 책망하지 않았을 것입니다. 이것이 엘리의 죄입니다. 엘리는 스스로 거룩하지 않고 탐욕이 있음으로 자식들의 동일한 죄에도 둔감했던 것입니다.

부모는 자녀들을 훈계해야 합니다. 회초리로 종아리를 때리면서 교육해야 합니다. 부모가 성경 말씀대로 자녀를 훈계하지 않을 때 엘리의 가정에 임하는 벌을 받게 됩니다. 부모가 자녀를 하나님의 말씀으로 교육하지 않을 때에 두 가지 죄가 더하여 집니다. 첫째는 부모가 하나님이 위탁한 자녀를 바르게 양육하지 않은 죄이고 둘째는 부모로부터 적절히 교육받지 못함으로 인해 자녀들이 죄를 짓는 것입니다.

자녀들의 죄가 모두 부모의 바르지 못한 교육으로 인한 것은 아닐지라도 부모는 자녀를 바르게 훈계하지 않는 것이 죄라는 것을 알아야 합니다. 그러므로 부모는 자녀들의 교육에 마음과 정성을 쏟아야 합니다.

지금부터는 성경이 말씀하는 자녀 교육에 대하여 살펴보겠습니다. 에베소서 6장 4절을 보겠습니다.

"또 아비들아 너희 자녀를 노엽게 하지 말고 오직 주의 교훈과 훈계로 양육하라" (엡 6:4).

이 구절은 자녀 교육에 대한 두 가지를 말씀합니다. 하나는 자녀를 노엽게 하지 말아야 합니다. 부모는 자녀에게 화를 내거나 혈기를 부리지 말라는 것입니다. 교육적인 매를 들더라도 언어 폭력과 물리적인 폭행을 하지 않아야 합니다. 부모가 이렇게 할 때에 자녀들은 노여워합니다.

다른 하나는 오직 하나님의 말씀으로만 교육하라는 것입니다. 세상의 교육 방식을 쫓지 말라는 것입니다. 학교의 교육이 하나님의 말씀과 어긋날 때에는 따르지 않아야 합니다. 성경만을 가장 완벽한 자녀 교육의 지침서로 삼아야 합니다.

잠언 23장 13절, 14절을 보겠습니다.

"아이를 훈계하지 아니하려고 하지 말라 채찍으로 그를 때릴지라도 그가 죽지 아니하리라" "네가 그를 채찍으로 때리면 그의 영혼을 스올에서 구원하리라" (잠 23:13-14).

자녀를 채찍으로 때리면서 훈계해야 합니다. 자식 교육에 대하여 엄격해야 합니다. 자녀를 엄격하게 매질까지 하면서 교육하지 않으면 자식이 지옥에 갈 수 있습니다. 자식 교육에 대한 중요성을 이보다 더 강조하여 표현한 말씀이 없을 것입니다. 이 말씀은 실제로 엘리의 두 아들에게 응하였습니다.

잠언 31장 1절을 보겠습니다.

"르무엘 왕이 말씀한 바 곧 그의 어머니가 그를 훈계한 잠언이라" (잠 31:1).

르무엘 왕의 어머니가 아들에게 훈계하였습니다. 왕이 성인이 되었음에도 어머니가 직접 훈계하였습니다. 르무엘 왕의 어머니가 첫째로 훈계한 내용은 여자들에게 힘을 너무 쏟지 말라는 당부였습니다. 잠언 31장 3절을 보겠습니다.

"네 힘을 여자들에게 쓰지 말며 왕들을 멸망시키는 일을 행하지 말지어다" (잠 31:3).

여자에게 힘을 쓰지 말라는 것은 아내를 많이 두지 말라는 의미입니다. 이 구절은 영어 NIV 성경으로 보면 "왕들은 여자에게 힘을 쓰면 멸망한다"고 되어있습니다. 신명기 17장 17절을 보겠습니다.

"그에게 아내를 많이 두어 그의 마음이 미혹되게 하지 말 것이며 자기를 위하여 은금을 많이 쌓지 말 것이니라" (신17:17).

이 계명은 모세를 통하여 왕들에게 주어진 계명입니다. 아내를 많이 두지 말라는 계명은 왕에게 주어진 세 가지 계명 중에 하나입니다. 그러므로 르무엘 왕의 어머니는 성경 말씀대로 바르게 자식을 훈계한 것입니다.

이처럼 부모는 자신이 어떤 위치에 있든지, 많이 배웠든지 못 배웠든지, 사회적 지위가 높든지 낮든지, 재산이 많든지 적든지, 늙었든지 젊었든지 훈계해야 합니다. 자식이 왕이든지 비천한 자이든지, 나이가 많든지 적든지, 순종하든지 불순종하든지 상관없이 훈계하고 잘못을 책망해야 합니다.

지금까지는 성경에 소개된 자녀 교육에 대하여 살펴보았습니다. 특별히 제사장 엘리가 자녀를 바르게 훈계하지 않아 집안이 멸망한 사실과 성경 말씀대로 자녀를 교육해야 한다는 것에 대하여 나누었습니다. 이제부터는 성경에서 자녀 교육을 잘 못하여 집안에 많은 피를 불러온 한 인물에 대하여 살펴보겠습니다.

사무엘하 13장 28, 29절을 보겠습니다.

"압살롬이 이미 그의 종들에게 명령하여 이르기를 너희는 이제 암논의 마음이 술로 즐거워할 때를 자세히 보다가 내가 너희에게 암논을 치라 하거든 그를 죽이라 두려워하지 말라 내가 너희에게 명령한 것이 아니냐 너희는 담대히 용기를 내라 한지라" "압살롬의 종들이 압살롬의 명령대로 암논에게 행하매 왕의 모든 아들들이 일어나 각기 노새를 타고 도망하니라"(삼하 13:28-29).

다윗의 장남 암논이 자신의 이복 여동생 다말을 성폭행한 적이 있었습니다. 이 구절은 다말의 친 오빠 압살롬이 여동생에 대한 복수로 암논을 칼로 죽이는 장면입니다.

혈육을 성폭행한 것은 아주 큰 죄입니다. 세상 법으로도 그렇고 가족 내의 사건으로도 매우 중대한 죄입니다. 그러나 아버지 다윗은 중대한 형제간 성폭행 사건을 문제화 하지 않고 덮어버렸습니다.

이 때에 다윗이 다말을 폭행한 암논을 한 동안 유배를 보내든가 감옥에 넣었어야 했습니다. 아니면 온 가족들 앞에서 정죄하고 심하게 꾸중이라도 하여야 했습니다. 그렇게 했다면 압살롬이 암논을 죽이는 일까지는 벌어지지 않았을 것입니다. 이 사건은 다윗이 자녀를 적절히 훈계나 징계를 하지 않으므로 인해 발생한 사건이라고 할 수 있습니다.

성경에는 나타나 있지 않지만 압살롬은 아마도 암논을 징계하지 않는 아버지 다윗에 대하여 불만을 품고 있었을 것입니다. 압살롬이 나중에 쿠데타를 일으키고 아버지 다윗을 죽이려 한 배경에도 자신의 여동생 사건을 적절히 다스리지 않은 아버지에 대한 불만도 일조를 하였을 가능성을 배제할 수 없습니다.

다윗이 자녀 교육을 바르게 하지 않았을 것으로 추정되는 다른 한 예를 보겠습니다. 다윗의 네째 아들 아도니야는 스스로 왕이 되려고 사람들을 모아 왕으로 옹위를 받았습니다. 아도니야는 아버지 다윗이 솔로몬을 후임 왕으로 내정한 것을 알고도 그 말을 거슬러 행동한 것입니다. 이는 사형에 해당하는 반역죄입니다.

그러나 지금 말씀드리려는 핵심은 아도니야의 반역죄에 관한 것은 아닙니다. 지금 초점을 맞추려는 것은 다윗의 아들 아도니야가 왜 이처럼 반역하는 자가 되었는지에 관한 것입니다. 열왕기상 1장 5절, 6절을 보겠습니다.

> "그 때에 학깃의 아들 아도니야가 스스로 높여서 이르기를 내가 왕이 되리라 하고 자기를 위하여 병거와 기병과 호위병 오십 명을 준비하니" "그는 압살롬 다음에 태어난 자요 용모가 심히 준수한 자라 그의 아버지가 네가 어찌하여 그리하였느냐고 하는 말로 한 번도 그를 섭섭하게 한 일이 없더라"(왕상 1:5-6).

아도니야가 아버지로부터 섭섭한 말을 들은 적이 없다는 말은 두 가지로 해석을 할 수 있습니다. 하나는 아도니야가 착하여서 다윗이 그런 말을 하지 않았다는 의미입니다. 다른 하나는 다윗은 자녀를 적절히 책망하며 바르게 교육을 하지 않았다는 의미입니다.

그런데 여기에서는 후자의 해석이 더 설득력이 있어 보입니다. 왜냐하면 아도니야가 평소에 책망을 받지 않을 정도로 착한 아들이었다면 반역하는 죄를 짓지 않았을 것이기 때문입니다.

아도니야가 착한 아들이 아니었을 가능성은 그가 아버지의 아내를 자신의 아내로 삼고 싶어한 마음을 보아도 알 수 있습니다. 아도니야가 이렇게 심성이 그릇된 것을 미루어 볼 때 그가 착하여서 다윗이 싫은 소리를 하지 않은 것이라기 보다는 다윗의 자녀 교육에 문제가 있었다는 사실을 보여주는 것입니다.

아도니야는 아버지의 아내를 자신의 아내로 삼게 해달라는 청을 하였다가 결국 솔로몬에게 죽임 당하였습니다. 왕권을 차지하려던 반역죄에서는 살아 남았는데 아버지의 아내를 탐하다가 결국 죽임 당하였습니다. 다윗이 평소에 자녀 교육을 엄격하게 하였다면 이러한 일도 발생하지 않았을 것입니다.

이상으로 살펴본 것처럼 부모가 자녀를 훈계하며 가르치고 엄격하게 상벌을 적용하며 양육해야 하는 것은 매우 중요한 문제입니다. 엘리 제사장은 자식을 바르게 훈육하지 않은 책임으로 본인에게 화가 미쳤고 자식들도 망하였습니다. 후손 대대로 저주를 받았습니다. 다윗은 자녀들의 죄를 적절히 징계하지 않고 평소에 잘 훈육하지 않음으로 결국 자식 간에 서로 죽이는 일이 벌어졌고 자식에게 죽을 뻔하기도 하였습니다.

이처럼 부모가 자녀를 잘못 교육하거나 적절히 훈계하지 않을 때 첫째는 자식들이 멸망하고 둘째는 부모에게도 화가 미칩니다. 부모가 하나님의 말씀대로 자식을 교육하지 않으면 부모와 자식이 함께 망하는 것입니다.

부모도 살고 자녀도 살릴 수 있는 자녀 교육에 관해 정리를 해보겠습니다.

첫째, 자녀 교육은 성경 말씀대로 해야 합니다. 세상의 가치관대로 교육하지 않아야 합니다. 믿는 사람들도 자녀 교육을 세상의 풍조를 따라 하는 경향이 있습니다. 그 중의 대표적인 일이 공부를 믿음 생활보다 우선시 하는 것입니다. 시험을 준비하기 위하여 기도와 성경 묵상하는 시간을 줄이지 말라고 교육해야 합니다. 학생을 자녀로 둔 부모는 학교 공부나 시험 보다 말씀과 기도를 우선하도록 교육해야 합니다.

둘째, 자녀는 회초리를 들고 엄격하게 훈계해야 합니다. 이러한 교육은 자녀가 아주 어릴 때부터 시작해야 합니다. 자녀의 모든 언행과 생활 습관과 인격과 성품에 대하여 철저히 가르쳐야 합니다. 엄격하고 철저히 교육을 할수록 자녀가 구원받을 가능성은 커집니다.

셋째, 정에 연연하여 자녀를 교육하지 않아야 합니다. 어떤 부모는 가정 형편이 넉넉하지 못한 것에 대해 자녀에게 미안한 마음과 죄책감을 가집니다. 이것은 잘못 된 교육입니다. 부모는 경제적인 여건이나 주변 환경과 관계없이 자녀들에게 떳떳해야 하며 정에 연연하지 않아야 합니다.

넷째, 부모는 자녀의 눈치를 보지 않아야 합니다. 자녀가 커가고 자아가 형성되면서 부모에게 반항합니다. 자신의 고집을 부립니다. 이럴 때에도 부모는 부모로서 권위를 가지고 자녀들에게 훈계와 책망으로 다스려야 합니다.

자녀의 반항이 두려워 또는 다툼을 피하려고 훈계의 말을 하지 않는 것은 엘리의 자녀처럼 키우는 것입니다. 부모는 자녀가 듣든지 아니 듣든지 지속적으로 자녀를 훈계해야 합니다.

　이상의 말씀을 다시 요약하면 자녀는 성경 말씀대로 매우 엄하게 훈계를 하되 자녀의 눈치를 살피거나 인정에 연연하여 교육하지 않아야 합니다. 이러한 원칙을 알고 있어도 부모들은 자녀를 바르게 교육하는 것이 쉽지 않다고 합니다. 여러분 스스로가 부모를 거역한 일을 기억해도 그렇고 지금 자녀를 양육하면서도 느낄 것입니다.

　그럼에도 불구하고 부모인 여러분은 선택의 여지가 없습니다. 자신도 살고 자식도 살리는 길은 자식을 훈계하는 것입니다. 잘못할 때마다 책망하는 것입니다. 나쁜 습관과 거룩하지 않은 삶을 용납하지 않는 것입니다. 죄 가운데에 있을 때 징계하는 것입니다. 부모가 이 일에 게으를 때 자녀와 함께 망합니다. 엘리 제사장을 기억하십시오.

9
네 부모를 공경하라

"하나님이 이르셨으되 네 부모를 공경하라 하시고 또 아버지나 어머니를 비방하는 자는 반드시 죽임을 당하리라 하셨거늘" (마 태복음 15:4).

부모를 공경하지 않는 세 사람이 있습니다. 이들의 공통점은 모두 예수를 믿는다는 것입니다. 이들은 나이가 어리거나 청년들이 아닙니다. 모두 중년과 노년입니다. 한 사람은 40대이고 한 사람은 50대이고 한 사람은 80대입니다. 그러므로 철이 없어 부모를 공경하지 않는다는 핑계를 댈 수도 없는 사람들입니다.

이 중 50대의 자녀는 딸입니다. 이 사람은 부모를 비방하지는 않습니다. 노약한 어머니를 경제적으로 잘 도와줍니다. 함께 살지는 않지만 어머니를 종종 문안합니다. 그러나 어머니의 믿음 생활을 훼방합니다. 이 딸은 믿음 생활을 전혀 하지 않지만 어머니의 영향으로 하나님을 믿는다고 말은 합니다.

이 딸의 어머니는 매우 신실하게 예수를 믿습니다. 어렸을 때부터 예수를 믿었는데 지금 연세가 80을 넘겼음에도 다른 사람의 본이 될 만큼 믿음이 좋습니다. 적은 용돈을 절약하고 난방비를 아끼어 구제를 하고 헌금을 합니다. 전도를 열심으로 합니다.

이 분의 딸이 어머니의 믿음 생활을 훼방하는 것은 전적으로 영적인 문제입니다. 어머니가 혼자 거주하는 집에서 예배를 드리지 말라고 강요합니다. 어머니가 섬기고 싶은 교회 근처로 집을 얻어 달라고 간곡히 부탁하여도 들어주지 않았습니다. 어머니는 이스라엘 성지 순례를 가고 싶어 했지만 딸이 두 번이나 막았습니다.

딸은 어머니를 위한 것이라는 핑계를 대지만 사실은 마귀가 이 딸을 통하여 어머니의 구원을 가로막는 것입니다. 이 딸은 물리적, 경제적인 학대를 하는 것은 아니지만 정신적, 신앙적으로 어머니를 괴롭히고 있습니다.

이 딸은 예수를 잘 믿고 교회를 가라는 어머니의 말을 듣지 않습니다. 믿음 생활에 대한 어머니의 권면을 조금도 듣지 않고 자신의 고집대로 살아갑니다. 늘 어머니를 가르치려고 합니다. 이렇게 불순종 하는 자식은 부모에게 용돈은 줄지라도 부모를 공경하는 것은 아닙니다. 부모에게 패역한 것입니다.

나머지 둘은 아들인데 부모를 비방하는 정도가 매우 심합니다. 고대의 법을 적용하면 반드시 죽임을 당해야 하는 수준입니다. 그 중에 한 사람은 40대 중반인데 아직 미혼입니다. 이 아들은 자신이 아직도 결혼을 못한 이유가 부모 때문이라는 억지를 부립니다.

결혼을 할 나이에 아버지 병 간호를 하느라 결혼할 때를 놓쳐서 40이 넘은 나이에도 결혼하지 못했다고 핑계를 대고 불평합니다. 어머니가 기도를 열심히 하지 않아서 결혼을 못하고 있다고 말합니다. 결혼에 대하여 부정적인 말을 한다고 엄마를 책망합니다.

그러나 어머니는 아들의 인성에 결함이 있어 결혼하기에 적합하지 않다고 말합니다. 이 아들은 단순히 결혼 부적격의 성격 장애만 있는 것이 아닙니다. 어머니가 자신의 말을 따르지 않을 때에 집안의 기물을 습관적으로 부수는 파괴적이고 폭력적인 성향을 가지고 있습니다. 자신이 섬기는 거짓 목사의 교회를 떠나려는 어머니를 위협하여 떠나지 못하게 하고 있습니다.

이 아들의 어머니에 대한 모든 패역함을 보면 이러한 자는 출애굽기 21장 7절과 레위기 21장 9절 말씀이 응하는 자식임에 틀림이 없습니다.

"자기의 아버지나 어머니를 저주하는 자는 반드시 죽일지니라" (출 21:17).
"만일 누구든지 자기의 아버지나 어머니를 저주하는 자는 반드시 죽일지니 그가 자기의 아버지나 어머니를 저주하였은즉 그의 피가 자기에게로 돌아가리라" (레 21:9).

그러나 이 아들은 아직 살아있습니다. 아직 살아 있는 이유는 어머니가 아들의 모든 패역한 짓을 용서하고 있기 때문입니다. 신실한 어머니의 기도를 들은 하나님이 어머니를 보아서 아들을 치지 않은 것으로 여겨집니다.

어머니는 지금 섬기는 교회의 목사가 거짓 목사인 것을 알고도 아들 때문에 교회를 떠나지 못하고 있습니다. 실제로 드리고 싶은 예배의 장소에는 가지 못하고 있습니다. 아들의 감시가 두려운 것이며 언제 다시 기물을 부수는 만행을 저지를지 모르기 때문입니다. 이 분은 실제로 이 아들이 자신을 폭행할지 모른다는 불안감 속에서 지내고 있습니다.

이러한 자가 자신은 예수를 믿는다고 말합니다. 이 자는 20년 넘게 어떤 여자 목사에게서 설교를 들으며 믿음 생활을 하고 있습니다. 이 여자 목사는 나이가 70정도 되었는데 교인들에게 집을 사서 돈을 벌라고 가르치는 목사입니다. 강단에서 교인 비방을 일삼는 자입니다. 교만하고 무례합니다. 거짓말을 합니다.

교인들이 자신을 욕하면 성령이 다 알려준다며 교인들에게 공갈을 칩니다. 그 외에 여러가지로 상식 이하의 언행을 하는 목사임에도 이 40대 청년은 분별을 못하고 이 목사를 떠나면 저주가 있을 것으로 생각할 정도로 심각하게 미혹 되어 있습니다.

실제로 이 목사는 청년을 종 부리듯이 합니다. 시도 때도 없이 전화를 하여 불러내어 일을 시키고 운전을 시킵니다. 둘이 함께 여러 곳을 다니기도 합니다. 참으로 이상한 여자 목사와 괴상한 청년 교인입니다. 이 청년이 어머니에게 패역하게 하는 것은 이 목사의 열매인 것입니다. 목사가 거짓 종이므로 썩은 열매를 맺은 것입니다.

어머니도 문제의 심각성을 최근에 더욱 심각하게 깨달았습니다. 아들에게 급한 것은 결혼이 아니라 구원받는 것이라는 것을 깨달았습니다. 그 늙은 여자 목사의 미혹에서 아들이 빠져나오도록 힘쓰고 있습니다. 거짓 목사와 아들을 통하여 역사하는 마귀와의 영적 전쟁을 하고 있습니다.

이 청년이 홀 어머니를 비방하고 학대하는 원인은 미혹되어 있기 때문입니다. 이 청년의 인격과 성향은 그가 섬기는 목사와 매우 유사합니다. 교만하고 무례합니다. 이기적입니다. 모든 일에 핑계를 대고 남에게 책임을 전가합니다. 미혹 받는 사람은 자신을 미혹하는 사람을 닮게 되어 있습니다. 어미 마귀가 새끼 마귀를 낳은 것이므로 닮을 수 밖에 없습니다.

마지막으로 소개할 사람은 80대의 아들입니다. 이 아들은 50년 넘게 홀 어머니를 모셨습니다. 이 사람의 어머니는 현재 100세가 넘었는데 성실하고 정결한 삶을 평생 살아오신 분입니다. 100세가 넘은 나이에도 불구하고 지혜로우며 정치와 세상 물정을 파악하고 있을 정도로 총기도 살아있습니다. 노약하여 몸이 힘들지만 특별한 지병이 없이 정신과 육체가 건강한 편입니다. 이 어머니가 건강하게 장수하는 복을 받은 원인은 하나님을 믿기 때문입니다.

이 어머니는 20세에 믿는 집에 시집을 왔는데 시어머니는 성경을 가르칠 정도로 신실한 크리스천이었습니다. 이 분은 시어머니로 인해 예수를 믿게 되었고 시어머니의 특별한 사랑을 받으며 시집살이를 하였다고 합니다. 이 분이 낳은 첫 아들이 바로 지금부터 소개하려는 사람입니다.

이 아들은 군대를 마치고 대학을 졸업할 즈음에 중학교 교사였던 아버지를 여의게 되었습니다. 그리하여 그때부터 홀 어머니를 모시게 되었습니다. 그리고 동생 넷을 뒷바라지 하였습니다. 이 아들은 곧 결혼을 하여 부부가 경제활동을 하였고 어머니는 살림살이를 맡아 하였습니다. 어머니는 두 손자 손녀를 모두 양육하였고 며느리의 속옷 빨래까지 하면서 집안 살림을 하였습니다.

60년대 후반에서 80년대 중반까지 이 아들 부부와 어머니는 치열하게 살았습니다. 생활의 근면과 성실의 면에서는 세 사람이 모두 흠잡을 데가 없습니다. 그리하여 가난하지 않게 지낼 수 있었습니다. 또한 여동생 둘은 시집을 가고 남동생 둘은 대학공부를 마치고 결혼하기까지 뒷바라지를 하였습니다.

지금까지의 이야기만 보면 이 아들이 어머니를 심하게 불공경하는 아들처럼 보이지 않습니다. 오히려 효자였을 것으로 짐작할 것입니다. 그러나 경제 생활의 성실함과 부모를 공경하는 일은 전혀 별개인 것을 이 아들을 통하여 볼 수 있습니다.

이 아들은 예수를 믿는 사람입니다. 젊었을 때에 한 동안은 매주 교회의 예배에 참석을 한 적이 있고 병이 나서 하나님을 간절히 찾은 적도 있습니다. 그러나 지금은 예수를 믿는 사람처럼 살지 않습니다. 명절과 아버지 기일에 가족끼리 모여서 예배를 드리는 것이 이 사람이 드리는 예배의 전부입니다. 그리고 식사할 때에 잠깐 눈을 감는 것이 기도의 전부인 것처럼 보이는 사람입니다.

이 아들은 홀 어머니를 몹시 미워합니다. 미워하는 이유는 어머니가 자신과 자신의 아내를 정신적으로 힘들게 한다고 여기기 때문입니다. 그리하여 이미 십여 년 째 어머니와 함께 살지 않습니다. 이 아들은 펜션을 지어 혼자 지냅니다.

며느리는 주중에는 시어머니를 모시고 살며 주말에는 남편과 지냅니다. 그리고 이 아들은 어머니에게 전화 문안 인사도 하지 않습니다. 명절 때나 가족 친지의 행사 때에 어머니의 얼굴을 보는 것이 전부입니다. 이 아들에게는 이처럼 어머니를 미워하는 악한 마음이 있습니다.

그러나 이 아들의 악함은 이것이 전부가 아닙니다. 이 아들은 어머니를 말로 심하게 학대합니다. 종에게 하듯이 어머니에게 말을 합니다. 어머니가 하는 말에는 큰 소리로 대꾸하고 윽박지르기 일쑤입니다. 다른 형제가 있을 때에는 더욱 심합니다.

이 자가 이렇게 하는 배경에는 자신만 어머니를 모시느라 고생을 하였고 다른 형제들은 그렇게 하지 않은 것에 대한 불만이 있기 때문입니다. 그리하여 자신이 어머니에게 심하게 하는 것을 형제들 앞에서 고의로 연출을 하는 면이 있습니다. 이 아들은 어머니 뿐만 아니라 형제들까지도 미워하는 것입니다. 그 중에 한 형제는 자신에게 경제적인 유익을 주고 있으므로 예외일 지 모릅니다.

그렇다면 이 어머니가 자식이 몹시 미워할 만큼 정신적으로 힘들게 한 것일까요? 그렇지 않습니다. 이 어머니는 믿음이 신실하고 마음이 정직하며 매사에 빈틈이 없는 완벽을 지향하는 분입니다. 이 분은 자식의 머리 맡에서 자식을 위하여 간절히 기도하는 어머니입니다.

그리고 이 분은 자녀를 바르게 교훈 하는 데 게으르지 않은 분입니다. 남편도 올곧은 교육자였습니다. 이 분의 다른 한 자녀는 어머니의 정직하고 정결하고 빈틈없이 꼼꼼한 성품을 존경하고 하나님의 성품을 닮은 것이라고 칭찬합니다. 같은 배에서 난 자식의 어머니에 대한 평가가 이처럼 다른 것도 놀랄 만한 일입니다.

교훈을 듣는 사람은 교훈이 때때로 듣기 싫을 수도 있습니다. 이 아들은 어머니의 바른 교훈이 듣기 싫으므로 잔소리라고 여기며 늘

반항한 것입니다. 그리고 이러한 상황을 어머니가 자신을 괴롭히는 것으로 간주하는 것입니다. 이 아들은 청년의 때부터 그러하였는데 80이 넘은 지금도 변하지 않았습니다.

마음과 언행이 악한 이 아들이 아직도 죽지 않고 살아 있는 것은 하나님의 은혜입니다. 어머니는 이렇게 패역한 아들을 조금도 원망하지도 미워하지도 않습니다. 용서를 합니다. 다른 자식이 이 큰 아들을 비판하는 말 조차도 못하게 하며 듣기 싫어 합니다. 아들이 패역함에도 불구하고 이 어머니는 아들을 진심으로 사랑합니다. 그리하여 이 아들이 아직까지는 하나님의 긍휼을 입고 있습니다.

이상으로 부모를 공경하지 않는 세 사람에 대하여 살펴보았습니다. 이들은 모두 크리스천입니다. 그러나 거듭나지 않은 자들입니다. 구원받지 못한 자들입니다. 지옥 가는 크리스천들입니다.

이들이 모두 크리스천이라는 공통점 외에 다른 공통점이 있습니다. 이들은 모두 교만한 자들입니다. 너무 교만하여 부모를 가르치려 하고 부모를 훈계하고 책망까지 합니다. 이처럼 교만한 자들이 하나님의 은혜를 입기는 낙타가 바늘 귀로 들어가는 것보다 더 어려울 것입니다.

세상에는 두 부류의 사람들이 있습니다. 하나는 겸손한 자이고 다른 하나는 교만한 자입니다. 겸손한 자는 잘못의 책임을 자신이 지려 하지만 교만한 자는 모든 잘못의 책임을 남에게 전가합니다. 그러므로 겸손한 자는 회개를 하지만 교만한 자는 회개하지 않습니다. 그리하여 겸손한 자는 하나님의 은혜를 입고 구원받습니다. 교만한 자는 결국에 멸망합니다.

이 세 자녀는 어머니를 탓합니다. 어머니가 자신의 말에 순종해야 한다고 주장합니다. 이들은 교만하고 방자하며 무례하고 악하기 짝이 없는 자들입니다. 이들이 바로 마태복음 10장 21절 말씀이 응하는 자들입니다.

"장차 형제가 형제를, 아버지가 자식을 죽는 데에 내주며 자식들이 부모를 대적하여 죽게 하리라" (마 10:21).

이 구절은 믿음이 없거나 미혹된 믿음을 가진 식구가 다른 신실한 믿음의 가족을 죽게 만드는 일이 실제로 발생할 수 있다고 말씀합니다. 이 말씀은 예수님이 직접 예언한 것입니다. 원수가 바로 자신의 가족인 것입니다. 마태복음 10장 36절을 보겠습니다.

"사람의 원수가 자기 집안 식구리라" (마 10:36).

지금 예를 든 세 자녀가 어머니의 원수가 되어 결국 대적하여 죽게 할 수도 있다는 것은 성경적인 것입니다.

부모는 자식의 권위입니다. 그리고 그 권위는 절대적입니다. 하나님도 아버지라고 부르고 육신의 아버지도 동일하게 아버지라고 부릅니다. 여기에서 아버지의 권위를 짐작할 수 있습니다. 육신의 아버지에 대한 권위가 하나님 아버지처럼 강력한 것이므로 아버지라는 동일한 호칭을 사용하는 것입니다.

이러한 면을 고려한다면 자식의 부모에 대한 불공경은 매우 심각한 죄입니다. 실제로 십계명이 그러한 것을 보여줍니다. 십계명은 크고 중요한 순서로 나열이 되어 있습니다. 처음 네 개는 하나님과 인간과의 관계를 보여주는 법입니다.

다섯 번째부터 열 번째까지의 여섯 개는 인간 상호 간의 법입니다. 그 중에서 제일 높은 것이 부모를 공경하라는 것입니다. 이것은 살인하지 말라는 여섯 번째 계명보다 더 우선 순위에 있는 법입니다.

부모를 공경하지 않는 죄는 살인하는 죄보다 더 큰 죄입니다. 여러분이 실감을 하지 못하더라도 하나님은 그렇게 간주하고 있다는 사실을 명심해야 할 것입니다. 그리하여 성경은 부모에게 패역하게 하는 자를 돌로 쳐 죽이라는 법을 제정한 것입니다. 신명기 21장 18절에서 20절까지를 보겠습니다.

> "사람에게 완악하고 패역한 아들이 있어 그의 아버지의 말이나 그 어머니의 말을 순종하지 아니하고 부모가 징계하여도 순종하지 아니하거든""그 성읍 장로들에게 말하기를 우리의 이 자식은 완악하고 패역하여 우리 말을 듣지 아니하고 방탕하며 술에 잠긴 자라 하면""그 성읍의 모든 사람들이 그를 돌로 쳐죽일지니 이같이 네가 너희 중에서 악을 제하라 그리하면 온 이스라엘이 듣고 두려워하리라"(신 21:18-20).

자식이 말을 듣지 않으면 부모가 먼저 징계해야 합니다. 그럼에도 불구하고 자녀가 듣지 않으면 동네의 어른들에게 그 일을 알려 그 자식을 돌로 쳐 죽여야 합니다. 이렇게 함으로써 다른 자식들이 두려워 부모에게 패역한 짓을 하지 못하도록 경고하는 것입니다.

다음은 신명기 27장 16절을 보겠습니다.

"그의 부모를 경홀히 여기는 자는 저주를 받을 것이라 할 것이요 모든 백
성은 아멘 할지니라"(신 27:16).

이 구절은 단순히 부모를 경홀히 여기기만 하여도 저주를 받을 것
이라고 말씀합니다. 경홀히 여긴다는 것은 가볍게 여긴다는 것입니
다. 즉 부모를 만만하게 여기어 언행을 함부로 일삼는 것을 뜻합니
다. 이렇게만 하여도 자녀들은 저주를 받습니다.

이상으로 예를 든 세 사람의 자녀는 예수를 믿는 사람이고 이들
의 어머니는 믿음이 신실하고 인격도 훌륭한 분들입니다. 내가 개인
적으로 아는 사람들입니다. 자녀들도 직접 목격하였습니다. 이처럼
믿음과 성품이 훌륭한 부모의 자녀들이 부모를 핍박하고 공경을 하
지 않는 것을 미루어 보건대 세상에는 참으로 불효한 사람들이 많
을 것이라고 쉽게 추측할 수 있습니다.

지금은 마지막 때입니다. 이처럼 자녀들이 부모를 거역하는 일은
말세의 징조입니다. 디모데후서 3장 1절, 2절을 보겠습니다.

"너는 이것을 알라 말세에 고통하는 때가 이르러""사람들이 자기를 사랑
하며 돈을 사랑하며 자랑하며 교만하며 비방하며 부모를 거역하며 감사
하지 아니하며 거룩하지 아니하며"(딤후 3:1-2).

이 구절에서 주목하려는 부분은 "부모를 거역하며"입니다. 이 구

절은 자녀들이 부모에게 불순종하고 패역하게 구는 것이 말세의 징조 중에 하나라고 말씀합니다. 이들이 결국 부모의 구원을 가로막고 심지어 죽는 데 내어줄 수도 있다는 사실에 부모 여러분은 깨어 있어야 합니다.

또한 자녀들은 부모를 비방하고 경홀히 여기는 일이 큰 죄임을 깨닫고 부모를 공경하는 자녀가 되어야 합니다. 부모를 거역하고 경홀히 여기거나 비방한 적이 있는 자녀는 그러한 일을 중단하고 부모님께 용서를 구해야 합니다. 하나님 앞에서도 회개해야 합니다. 그렇지 않으면 지옥 유황불을 피할 수 없습니다.

마지막으로 패역한 자녀를 다루는 방법에 대하여 간단히 설명하겠습니다. 많은 패역한 자녀를 둔 부모들의 특징 중에 하나는 자녀의 눈치를 보며 할 말을 못하는 것입니다. 그러나 하나님을 믿는 부모는 자녀에게 당당히 훈계할 수 있어야 합니다. 불순종하고 패역하게 굴 때에 책망해야 합니다. 나이에 상관없습니다. 듣든지 아니 듣든지 상관없습니다. 자녀가 반발하는 것이 두려워 책망을 주저하지 말아야 합니다.

부모가 책임을 다할 때 하나님은 불순종하는 자녀를 징계도하고 회개할 기회도 줄 것입니다. 부모의 역할을 하지 않으면 자녀를 패역한 대로 버려 둡니다. 이렇게 되면 부모도 힘들고 자녀는 구원받지 못합니다.

자녀들은 하나님의 말씀에 어긋나지 않는 한 부모의 말씀에 절대 순종해야 합니다. 부모를 설득하지도 말고 가르치지도 말고 핑계를 대지도 말아야 합니다. 자녀가 부모에게 할 수 있는 대답은 "예 알겠습니다" 하나로 충분합니다.

부모가 바라는 자녀는 공부를 잘 하는 자녀가 아닙니다. 돈을 많이 버는 자녀도 아닙니다. 용돈을 많이 주는 자녀도 아닙니다. 해외 여행을 시켜주는 자녀도 아닙니다. 안마를 잘 해 주는 자녀도 아닙니다. 부모가 원하는 자녀는 부모의 말을 잘 듣는 자녀입니다. 순종하는 자녀입니다. 부모를 공경하는 자녀입니다. 하나님이 가장 기뻐하는 자녀도 동일합니다.

그러니 자녀 여러분은 부모의 심기를 살피며 부모의 말을 경청하고 그대로 순종하는 삶을 사십시오. 마음과 언행과 물질로 부모를 공경하십시오. 특히 과부의 자녀들은 더욱 명심하십시오. 이 설교에서 소개한 패역한 세 자녀도 모두 과부의 자식들입니다. 남편도 없이 외로운 홀 어머니를 홀대하면 천벌을 받습니다.

디모데전서 5장 4절을 보겠습니다.

"만일 어떤 과부에게 자녀나 손자들이 있거든 그들로 먼저 자기 집에서 효를 행하여 부모에게 보답하기를 배우게 하라 이것이 하나님 앞에 받으실 만한 것이니라" (딤전 5:4).

특별히 과부의 자녀에게 효도를 행하라고 말씀합니다. 이 말씀은 과부의 자식들 중에 불효한 자식들이 많을 것을 암시합니다. 동시에 부모에게 효도하여 보답하는 일이 하나님이 받으실 만한 중요한 일임을 가르칩니다.

자녀들은 부모의 말씀에 순종하십시오. 부모들은 자녀를 훈계하십시오. 그리하여 부모와 자식이 함께 구원받게 되기를 예수 그리스도의 이름으로 축복합니다.

IV
국가의 구원

10
사랑에 빠진
남쪽 대통령

"하나니의 아들 선견자 예후가 나가서 여호사밧 왕을 맞아 이르
되 왕이 악한 자를 돕고 여호와를 미워하는 자들을 사랑하는 것
이 옳으니이까 그러므로 여호와께로부터 진노하심이 왕에게 임
하리이다"(역대하 19:2).
"유다 왕 여호사밧이 나중에 이스라엘 왕 아하시야와 교제하였
는데 아하시야는 심히 악을 행하는 자였더라" "두 왕이 서로 연
합하고 배를 만들어 다시스로 보내고자 하여 에시온게벨에서
배를 만들었더니" "마레사 사람 도다와후의 아들 엘리에셀이
여호사밧을 향하여 예언하여 이르되 왕이 아하시야와 교제하므
로 여호와께서 왕이 지은 것들을 파하시리라 하더니 이에 그 배
들이 부서져서 다시스로 가지 못하였더라"(역대하 20:35-37).

하나님은 악한 자를 돕거나 악한 자와 교제하는 자에게 진노합니
다. 북 이스라엘과 남 유다는 한 민족이고 형제 국가입니다. 그럼에
도 불구하고 하나님은 유다 왕 여호사밧에게 이스라엘 왕 아합과
아하시야와 교제하고 사업하는 것으로 말미암아 진노하였습니다.
왜냐하면 그들은 악한 자들이기 때문입니다.

여호와는 신실한 여호사밧이 이방신을 섬기며 악한 짓을 행하는

아합과 아하시야와 연합하는 것을 미워하여 두 차례나 선지자를 보내어 교제하지 말 것을 경고하였습니다. 함께 제작한 배를 부수어 버렸습니다. 이 사건은 믿는 자가 악한 자와 교제하는 것이 하나님께 죄가 된다는 것을 보여주는 좋은 예입니다.

지금부터는 이스라엘 왕 아합이 얼마나 악한지를 살펴보겠습니다. 열왕기상 16장 30절에서 33절까지를 보겠습니다.

"오므리의 아들 아합이 그의 이전의 모든 사람보다 여호와 보시기에 악을 더욱 행하여" "느밧의 아들 여로보암의 죄를 따라 행하는 것을 오히려 가볍게 여기며 시돈 사람의 왕 엣바알의 딸 이세벨을 아내로 삼고 가서 바알을 섬겨 예배하고" "사마리아에 건축한 바알의 신전 안에 바알을 위하여 제단을 쌓으며" "또 아세라 상을 만들었으니 그는 그 이전의 이스라엘의 모든 왕보다 심히 이스라엘 하나님 여호와를 노하시게 하였더라" (왕상 16:30-33).

이 구절은 아합이 과거의 모든 왕들 중에 가장 악한 왕이라고 말씀합니다. 아합은 이방 왕의 딸을 아내로 삼았으며 아세라 상을 만들었고 바알을 섬기며 예배하므로 하나님이 크게 진노하였습니다. 다음은 열왕기상 21장 25절을 보겠습니다.

"예로부터 아합과 같이 그 자신을 팔아 여호와 앞에서 악을 행한 자가 없음은 그를 그의 아내 이세벨이 충동하였음이라" (왕상 21:25).

이 구절도 아합이 모든 사람들 중에 가장 악한 자라고 말씀합니다. 아합과 이세벨이 나봇을 죽이고 그의 포도원을 빼앗는 악을 행하자 한 말씀입니다. 아합과 이세벨은 하나님의 선지자들을 대부분 죽였으며 엘리야까지 죽이려고 하였습니다. 북 이스라엘의 왕 아합이 이처럼 악하므로 하나님은 여호사밧에게 교제하지 말라고 당부한 것입니다.

다음은 북 이스라엘의 악함과 잘 비교되는 북한의 악함에 대하여 살펴보겠습니다. 북한 괴뢰의 초대 두목인 김일성은 전쟁을 일으켜 수백만 명의 동족을 죽게 하였습니다. 1968년에는 무장 공비를 보내어 한국의 대통령을 암살하려 했습니다. 1983년에는 버어마에서 한국의 대통령과 그 일행에게 폭탄 테러를 자행하여 한국의 관리들을 여럿 죽였습니다.

미군을 도끼로 쳐 죽이고 일본인들을 수시로 납치하였습니다. 그의 아들 김정일은 한국과 국제 사회를 속여 핵무기를 개발하였고 땅굴을 파서 남한을 공산화하기 위한 준비를 계속 해왔습니다. 돈을 핵무기 개발과 전쟁 준비에 사용함으로 수백만 명의 북한 주민을 굶어 죽게 하였습니다.

현재 북괴의 우두머리는 김일성의 손자이며 김정일의 아들인 김정은입니다. 이 자는 자신의 할아버지나 아버지를 훨씬 능가하는 폭군입니다. 김정은이 포악한 것은 그의 고모부를 기관단총을 쏘아 죽인 사실과 자신의 이복 형을 암살한 사건만 보아도 잘 드러납니다.

양어장의 물고기가 죽은 책임을 물어 양어장 관리인을 처형한 것은 이 자가 주민들을 물고기보다 못한 자신의 소유와 노예로 삼고 있는 악한 자라는 것을 잘 보여줍니다. 북괴는 주민들에게 자유가 없는 폭압의 정치와 개인 우상화 통치를 70년 넘게 하고 있습니다. 북괴는 전세계에서 기독교인을 가장 심하게 탄압하는 정권 1위의 자리를 20년째 유지하고 있습니다.

다음은 북괴와 대조 되는 한국에 대하여 살펴보겠습니다. 한국은 전쟁의 폐허를 딛고 일어나서 지금은 경제적 풍요를 누리는 자유민주 국가가 되었습니다. 하나님의 은혜로 예수를 믿는 사람들도 많아졌고 교회들도 부흥하였습니다.

하나님은 믿음이 신실한 이승만을 한국의 초대 대통령으로 세웠습니다. 이승만 대통령은 한국 정부가 세워진 것에 대해 먼저 하나님께 감사하였습니다. 목사인 이윤영 국회의원의 기도로 첫 국회가 열렸습니다.

이처럼 대한민국은 하나님이 세웠고 하나님께 바쳐진 나라입니다. 그리하여 한국은 배고픈 자, 가난한 자가 없어졌고 예수 그리스도를 믿는 자유를 누리고 있으며 원하는 대로 찬양하고 예배하며 복음을 전할 수 있는 복 받은 나라가 되었습니다.

이상으로 한국과 북괴를 비교해 본 결과 지금 한국의 상황이 고대의 이스라엘과 매우 유사하다는 사실을 깨달을 수 있습니다. 첫째, 한 민족이 둘로 나뉘었다는 사실입니다. 둘째, 북한 왕은 악하고 남한 왕은 선합니다. 셋째, 북한은 김일성 일가를 우상 숭배하고 남한은 많은 사람들이 하나님을 믿습니다.

북 이스라엘은 19명의 왕들이 220년간 다스렸는데 모두 악한 왕들이었습니다. 모두 우상을 섬겼고 선한 왕이 하나도 없었습니다. 이것은 북한의 3대 정권이 70년 동안 모두 악하고 자신들을 우상화한 것과 매우 유사합니다.

남 유다에는 악한 왕도 있었지만 여호사밧, 요시야, 히스기야같은 신실한 왕들이 있었고 평균적으로 북 이스라엘의 왕들보다는 선하였습니다. 이것 또한 신실한 이승만 대통령과 그 외에 두 명의 기독교인 대통령을 배출한 한국과 유사한 점이 있습니다.

이러한 한국과 고대 이스라엘의 유사성을 근거로 지금부터는 한국이 북괴를 어떻게 상대해야 하는지를 본문 말씀에 근거하여 하나씩 풀어 보겠습니다.

첫째, 한국은 북괴와 대화하지 않아야 합니다. 정치, 경제, 문화 등 어떤 사안에 대하여도 서로 협의하지 않아야 합니다. 통일에 관한 대화도 핵무기에 관한 협상도 하지말라는 것입니다. 한국은 과거 70년간 많은 사안을 주제로 북괴와 여러 차례 대화하였습니다. 그러나 소득이 없었습니다.

이들이 평화를 주제로 말하는 것은 항상 속이기 위한 것이었으며 이것은 전형적인 공산주의자들의 전략입니다. 악한 자와 대화하지 않아야 한다는 하나님의 말씀은 한국 스스로가 과거 오랫동안 북괴와 대화를 하면서 확인한 진리입니다.

둘째, 한국은 북괴와 왕래하지 않아야 합니다. 하나님은 선지자 엘리에셀을 보내어 여호사밧이 악한 아하시야와 교제한 것을 책망하였습니다. 이 말씀을 한국에 적용하면 어떤 이유든지 한국 국민은 북괴와 왕래하지 말라는 것입니다. 금강산 관광도 하지 말고 스포츠 단일 팀도 만들지 말고 문화 교류도 하지 말라는 것입니다.

무엇 보다도 한국의 대통령은 북괴의 수령을 만나지 않아야 합니다. 한국의 헌법도 김정은을 불법 집단의 수괴로 정의하고 있습니다. 그러므로 한국의 대통령이 김정은과 만나 회담하는 것은 헌법에도 어긋나는 것입니다.

셋째, 한국은 북괴와 거래하지 않아야 합니다. 무역이든 투자이든 원조이든 그것은 그들과 연합하는 것이며 그들을 좋게 여기는 것입니다. 하나님은 여호사밧이 악한 아하시야와 합작으로 제작한 배를 부수어 버렸습니다. 이 사건은 악한 자와 거래하는 것을 하나님이 얼마나 진노하는 지를 보여주는 좋은 예입니다.

그러므로 개성 공단 사업은 물론 과거의 한국 정권들이 북괴에게 막대한 돈을 원조한 일도 하나님을 진노케 한 일입니다. 김영삼 정권이 북한에 무려 4조원을 지원하였을 때 하나님은 IMF 경제대란으로 징계하였습니다. 하나님이 주신 돈을 악한 자에게 갖다 바침으로 행한대로 보응 받은 것입니다.

한국이 김정은을 어떻게 상대해야 할지를 다시 간단하게 정리하면 노(No) 대화, 노(No) 왕래, 노(No) 거래, 즉 3 노(No) 정책입니다. 전혀 접촉하지 않는 것입니다. 이 정책은 북괴가 독재 공산주의 체제에서 자유 민주주의 체제로 전환하지 않는 한 유지되어야 합니다. 한국은 이러한 정치적 원칙을 북괴에게 분명하게 전하고 지켜야 합니다.

무고한 자와 예수를 믿는 자들을 핍박하고 죽이는 사탄의 조직인 북괴와는 어떠한 명분으로도 만나거나 소통하지 않아야 하는 것은 성경의 가르침이며 하나님의 명령입니다. 이 말씀을 어길 때 하나님은 진노하며 벌을 내립니다.

악한 자와 교제할 때 징계하는 하나님의 말씀은 미국의 역사에도 적용이 되었습니다. 미국의 케네디 대통령은 1961년에 소련의 지도자 후르시초프와 회담을 하였습니다. 후르시초프는 우크라이나 국민 수만 명을 학살한 자입니다. 케네디는 이런 악한 자와 만난 2년 후 암살당해 죽었습니다.

닉슨 대통령은 1972년에 중국의 독재자 모택동을 만났습니다. 소위 핑퐁 외교라는 이름이 붙은 회담이었습니다. 닉슨도 악한 모택동과 만난 후 워터게이트 사건으로 2년 후에 사임하였습니다.

이 두 명의 미국 대통령이 만난 후르시초프와 모택동은 무고한 자의 피를 가장 많이 흘린 당대 최악의 독재자들이었습니다. 케네디와 닉슨은 이렇게 악한 자들을 만남으로 대통령 임기를 채우지 못하는 공통된 벌을 받았습니다. 악한 자와 교제할 때 벌하는 하나님은 고대에나 현대에나 변함이 없습니다.

현재 전 세계를 통틀어 가장 악한 자 한 사람을 지적하라면 김정은이라고 말하는데 주저할 사람이 없을 것입니다. 그런데 이러한 악한 자를 좋게 여기며 만나는 미국 대통령이 또 한 사람 등장하였습니다. 트럼프 대통령은 김정은을 좋게 여기며 칭찬하였고 돕겠다고도 하였습니다. 트럼프는 악한 자를 만난 케네디와 닉슨의 말로에서 교훈을 얻어야 할 것입니다.

트럼프는 김정은을 계속 여러차례 만날 계획이라고 말하였고 지금까지 세 번이나 만났습니다. 죄를 계속 더 쌓았습니다. 그리하여 평양에 트럼프 호텔을 짓는다면 여호사밧의 배를 부수어 버린 동일한 여호와께서 완공된 호텔을 무너뜨릴지도 모릅니다. 트럼프는 차라리 화염과 분노 정책을 계속 유지하였으면 더 좋을 뻔하였습니다.

악한자와 교제할 때 벌을 내리는 하나님의 말씀이 지금 한국에도 응할 위험에 처해있습니다. 왜냐하면 문재인이 김정은과 사랑에 빠졌기 때문입니다. 그 사랑이 너무 깊고 간절하여 임기 1년만에 두 번 만났고 현재까지 모두 세 번 만났습니다.

문재인은 북괴의 수령을 두 번 이상 만난 유일한 한국 대통령이 되었습니다. 악한 자를 한 번 만난 사람들이 2년 후에 대통령직에서 물러났다면 악한 자를 세 번 만난 문재인 대통령이 어떻게 될지 계산하기 어렵지 않을 것입니다.

문재인은 전직 우파 대통령들을 원수로 여기며 공산주의자 김정은을 친구로 생각합니다. 미국보다 중국 공산당과 더 친하게 지냅니다. 공산 국가 방문에 더 관심이 있습니다. 주사파와 공산주의자들을 전문으로 변호한 변호사였습니다. 세월호의 소유주이며 기독교 이단의 교주인 유병언의 변호사였습니다. 문재인은 마리아를 우상 숭배하는 천주교 신자입니다.

문재인의 이러한 전력은 그의 영적인 상태를 반영합니다. 그는 공산주의 영, 기독교 이단의 영, 미혹하는 천주교의 영을 갖고 있습니다. 마귀의 총 집합체입니다. 그러므로 문재인의 행태는 단순히 정치적으로 판단할 것이 아니라 영으로 분별해야 합니다. 그는 민족 전체를 공산화하여 지옥으로 끌고 가려는 사탄의 종입니다.

문재인을 알려면 먼저 공산주의를 알아야 합니다. 공산주의는 1917년 러시아의 볼셰비키 혁명을 거치며 정립된 정치사상입니다. 칼

마르크스의 사상을 토대로 유대인들이 주축이 되어 러시아 왕을 죽이고 공화정을 세운 것이 공산주의 국가의 시초입니다.

레닌은 7년 집권 기간 동안 기독교인 수백만 명을 포함하여 약 천만 명정도를 죽였습니다. 그의 후임자인 스탈린은 29년 집권 기간 동안 기독교인 2천만 명을 포함하여 약 4천만 명을 학살하였으며 모든 교회를 폐쇄하였습니다.

중국의 공산주의 독재자인 모택동은 그의 통치 기간 동안 기독교인 천만 명 이상을 포함하여 4천만 명을 죽였습니다. 그 외에 북한, 캄보디아, 베트남 공산 정권이 죽인 기독교인들이 천만 명에 이릅니다.

이처럼 근대 역사에서 기독교를 가장 잔혹하게 핍박한 집단이 공산주의자들이며 이들은 1970년대까지 60년 동안 무려 4천만 명 이상의 믿는 자들을 죽였습니다. 하나님을 믿는 이유로 사람을 죽이는 것은 참으로 잔인한 것입니다.

그러므로 이러한 일은 보통의 사람들은 할 수 없고 오직 마귀의 자식들만 할 수 있습니다. 마귀는 거짓말하고 속이고 빼앗고 살인하는 자인데 공산주의자들이 정확하게 같은 속성을 가졌습니다. 사탄이 정치 권력의 모양으로 나타난 것이 바로 공산주의입니다.

공산주의를 지향하는 한국의 좌파들을 우려하는 이유가 바로 이것입니다. 이들은 사탄의 속성을 갖고 있기 때문입니다. 좌파의 대부분이 예수를 믿지 않는다는 사실이 그것을 증거합니다. 한국이 좌파 정권에 의해 다스려질 때 그 피해를 입는 것은 국민들입니다.

왕이 악하면 백성들에게 화가 돌아오는 것은 하나님의 섭리입니다. 성경은 그러한 예를 많이 보여줍니다. 성경 뿐만 아니라 미국의 정치에서도 그러한 사실은 입증이 되었습니다.

오바마 전 미국 대통령은 좌파 정치인입니다. CIA 국장을 공산주의자로 임명할 정도로 심각한 공산주의자입니다. 또한 오바마는 무슬림이며 동성연애자입니다. 오바마는 케냐에서 탄생하여 대통령 후보 자격도 없던 사람입니다. 그러나 오바마는 기독교인으로 속였고 동성연애자 사실을 속였고 출생 국가가 미국이라고 속였습니다.

오바마는 미국 역사 이래 가장 부패한 정치인 중의 하나이며 사탄을 숭배하는 힐러리를 자신의 후임 대통령으로 만들기 위해 정보기관을 동원하여 트럼프를 도청하고 감시하고 온갖 부정 선거를 도모하여 대통령 선거를 도둑질하려고 하였습니다. 이처럼 오바마는 공산주의자이며 속이는 자이며 도둑질하는 자였습니다.

오바마 임기 8년 동안 미국의 부채는 두배로 늘었고 실업률은 수십 년 이래 최고치를 기록하였습니다. 경제 성장율은 최저를 기록하였고 무역 수지 적자도 사상 최대를 기록하였습니다. 범죄 증가율도 사상 최대였고 총기 사고율도 최고치를 기록하였습니다.

이처럼 좌파 공산주의자가 대통령이 됨으로 미국은 2차대전 이후로 사회, 경제가 최악의 상태에 빠졌던 적이 있습니다. 대통령이 좌파이면 백성이 고난을 당하게 됩니다. 왜냐하면 좌파의 사상은 하나님을 대적하기 때문입니다.

그러나 하나님을 믿는 보수주의 우파가 대통령이 됨으로 미국의 경제는 역사상 가장 빠른 속도로 회복되고 거의 모든 경제 지표가 수십 년 만에 또는 미국 역사 이래 가장 높은 지표들을 보여주고 있습니다.

뉴욕 타임즈 신문은 미국 경제가 트럼프가 대통령이 된 후 1년 반 만에 너무 좋아져 그것을 칭찬할 단어가 부족할 지경이라고 하였습니다. 이처럼 국가 지도자의 어떠함이 한 나라의 흥망성쇠에 영향을 주는 것은 하나님의 섭리입니다.

세상의 통치자는 선하던 악하던 하나님이 세웁니다. 오바마도 트럼프도 문재인도 하나님이 대통령으로 세웠습니다. 하나님이 악한 자를 통치자로 세우는 이유 중의 하나는 그 나라 백성을 심판하기 위한 것입니다. 백성이 하나님을 모르고 부패하므로 벌하려는 것입니다.

지금 한국에 대한 심판은 오바마 정권하의 경제난처럼, 김영삼 정권때의 IMF처럼 경제난으로 시작할 가능성이 높으며 이미 그렇게 되었습니다. 심판이 여기에서 끝나지 않을 지도 모릅니다. 한국에 빨갱이들이 너무 만연할 때 하나님은 한국을 공산화 시킬 것입니다. 인격적인 하나님이 대통령이 원하고 국민이 간절히 원하면 그렇게 해 주실 것입니다.

한국인의 70 퍼센트가 김정은을 좋게 여기므로 김정은을 한국의 통치자로 세울 수도 있습니다. 그렇게 된다면 이 심판은 한국인들이 공산주의자인 문재인과 김정은을 좋게 여기므로 받을 수 있는 여러 심판들 중에 최고가 될 것입니다.

한국에는 예수를 믿는 자들 중에도 공산주의자 문재인을 좋게 여기는 사람들이 많습니다. 목사들 중에도 문재인을 지지하는 자들이 있습니다. 이러한 자들은 미혹된 것입니다. 이들은 좌파 정권이 사탄의 세력이라는 것을 깨닫지 못한 것입니다. 교회는 이것을 가르쳐야 합니다. 이것은 매우 중요한 진리입니다.

교회가 문재인 정권이 하나님을 대적하는 빨갱이 정권이라는 사실을 바르게 가르칠 때 교인들도 바르게 기도할 수 있습니다. 공산주의와 싸워 이길 수 있는 유일한 부류가 크리스천입니다. 사탄을 이길 수 있는 것은 예수의 이름밖에 없습니다.

그러니 예수를 믿지 않는 사람들은 우선 회개하고 예수를 믿으십시오. 그리고 좌파와 싸우십시오. 거리의 집회나 시위로 좌익들을 꺾을 수 없습니다. 전쟁은 하나님께 속한 것이므로 예수 그리스도의 이름으로 싸워야 합니다. 그러니 믿음의 용사들이 일어나 악한 좌익 정권을 대항하여 기도와 말씀으로 싸우십시오.

지금 하나님은 과거 오바마 정권이 은밀히 범한 죄를 하나씩 드러내고 있습니다. 공의로운 하나님이 문재인이 어둠 가운데서 행한 죄들도 모두 빛에 드러낼 것입니다. 죄를 드러내는 것은 심판 받게 하기 위한 것이며 회개할 기회를 주는 것입니다.

하나님을 대적하는 문재인 정권이 속히 물러가고 하나님을 경외하는 사람, 신실한 믿음의 사람, 이승만 대통령 같은 사람, 황교안 총리 같은 사람이 한국의 대통령이 되어 나라와 민족을 구원하기를 예수 그리스도의 이름으로 축복합니다.

11

악인의 장막을 떠나라

"모세가 회중에게 말하여 이르되 이 악인들의 장막에서 떠나고 그들의 물건은 아무 것도 만지지 말라 그들의 모든 죄중에서 너희도 멸망할까 두려워하노라 하매" (민수기 16:26).
"그가 이 모든 말을 마치자마자 그들이 섰던 땅바닥이 갈라지니라" "땅이 그 입을 열어 그들과 그들의 집과 고라에게 속한 모든 사람과 그들의 재물을 삼키매" "그들과 그의 모든 재물이 산 채로 스올에 빠지며 땅이 그 위에 덮이니 그들이 회중 가운데서 망하니라" (민수기 16:31-33).

모든 국가는 역사를 기록한 책이 있습니다. 대한민국은 약 4천 년 동안의 역사 기록이 있고 이스라엘도 야곱의 열두 지파로 시작된 4천 년의 역사가 있습니다. 그런데 이스라엘의 역사 책과 다른 국가의 역사 책에는 한 가지 다른 점이 있습니다. 그것은 보통의 국가들은 인간들의 행적만 기록하는 데 이스라엘의 역사는 하나님의 행적을 함께 기록하고 있다는 것입니다.

세계 어느 국가도 역사의 중심 인물은 왕들인데 이스라엘의 역사의 중심 인물은 왕들이 아닙니다. 이스라엘의 역사인 구약 성경에도 왕과 지도자들이 등장하지만 그들이 주인공은 아닙니다. 이스라엘 역사의 주인공은 하나님이신 예수 그리스도입니다.

성경이 이스라엘의 역사를 기록한 이유는 단순히 지난 일을 알리려는 것이 목적이 아닙니다. 그 역사를 통하여 교훈을 주려는 것입니다. 그 안에서 진리를 깨달아 알게 하기 위한 것입니다. 그러므로 성경 안에 역사를 기록한 것입니다.

인류의 역사는 크게 두 시대로 나뉩니다. 하나는 전쟁의 시대이고 다른 하나는 평화의 시대입니다. 이 두 상황을 반복하지 않은 역사는 없으며 후손들은 그러한 역사를 배우며 교훈을 얻으려 합니다.

하나님이 이스라엘의 역사를 통하여 가르치는 교훈은 매우 단순합니다. 왕과 백성이 하나님을 잘 믿으면 평화를 주고 그렇지 않으면 전쟁을 줍니다. 하나님께 순종하면 전쟁에서 승리하게 하고 불순종하면 패하게 합니다. 이러한 사실은 단순한 교훈이기 전에 진리입니다. 그러므로 어느 나라에도 적용되며 어느 시대에도 적용됩니다.

우리는 예수님을 왕이라고 부르는데 그 앞에는 항상 평강이라는 수식어가 붙습니다. 예수님이 평강의 왕으로 이 땅에 왔다는 것은 예수를 잘 믿으면 평화를 누릴 수 있고 그렇지 않으면 평화가 없다는 의미입니다. 이 평화는 마음의 평화와 물리적인 평화 모두를 뜻합니다.

구약의 역사에서 하나님이 이스라엘 백성에게 준 평화와 전쟁의 교훈은 지금도 변하지 않았습니다. 조선 역사 500년 중에 평화롭고 굶지 않았던 때는 100년도 되지 않았습니다. 불교와 유교 등 우상숭배의 결과였습니다.

육이오 전쟁은 북괴는 물론 남한에서 조차도 사탄의 사상인 공산주의를 따르는 자들이 많이 일어남으로써 하나님이 내린 벌입니다.

하나님을 믿지 않을 때 전쟁을 일으켜 벌하는 섭리가 대한민국에 응한 것입니다.

이처럼 하나님이 인류의 역사를 통하여 보여준 전쟁과 평화의 법칙은 대한민국에도 적용이 되며 어느 국가에도 동일하게 적용됩니다. 또한 이 법은 고대에나 근대에나 현대에나 변하지 않았습니다.

역사는 반복됩니다. 이스라엘의 역사는 백성들이 죄를 지으면 하나님이 벌을 내립니다. 그러면 백성들은 회개하여 돌아오고 하나님은 다시 복을 줍니다. 그런 후 한 동안 평안해지면 다시 죄를 짓고 하나님은 벌하고 이스라엘 백성은 다시 돌아오는 것을 반복하는 역사로 이루어져 있습니다.

사사 시대의 예를 살펴보겠습니다. 사사기 2장 10절과 13절, 14절을 보겠습니다.

"그 세대의 사람도 다 그 조상들에게로 돌아갔고 그 후에 일어난 다른 세대는 여호와를 알지 못하며 여호와께서 이스라엘을 위하여 행하신 일도 알지 못하였더라" (삿 2:10).
"곧 그들이 여호와를 버리고 바알과 아스다롯을 섬겼으므로" "여호와께서 이스라엘에게 진노하사 노략하는 자의 손에 넘겨 주사 그들이 노략을 당하게 하시며 또 주위에 있는 모든 대적의 손에 팔아 넘기시매 그들이 다시는 대적을 당하지 못하였으며" (삿 2:13-14).

여호수아가 다스리던 약 40년 간 이스라엘은 항상 전쟁에서 승리하였고 평안하였습니다. 왜냐하면 신실한 여호수아의 지도 아래 백성들이 하나님을 잘 섬겼기 때문입니다. 그러나 여호수아가 죽자 하나님의 기적을 경험하지 못한 세대가 하나님을 버리고 바알과 이방 신들을 섬겼습니다. 그러자 하나님은 주변의 적들을 일으켜 이스라엘이 노략 당하고 괴로움을 겪게 하였습니다.

사사기 2장 18절, 19절을 보겠습니다.

"여호와께서 그들을 위하여 사사들을 세우실 때에는 그 사사와 함께 하셨고 그 사사가 사는 날 동안에는 여호와께서 그들을 대적의 손에서 구원하셨으니 이는 그들이 대적에게 압박과 괴롭게 함을 받아 슬피 부르짖으므로 여호와께서 뜻을 돌이키셨음이거늘""그 사사가 죽은 후에는 그들이 돌이켜 그들의 조상들보다 더욱 타락하여 다른 신들을 따라 섬기며 그들에게 절하고 그들의 행위와 패역한 길을 그치지 아니하였으므로"(삿 2:18-19).

신실한 사사가 다스릴 동안에는 백성들이 순종하고 그 사사가 죽으면 다시 패역한 짓 하는 것을 반복하였습니다. 여호수아가 죽은 후 이스라엘이 바알을 섬기자 8년 동안 이방 왕인 구산리사다임을 섬기게 하였습니다. 그런 후 사사 옷니엘를 세워 이스라엘을 구원하여 40년 동안 평온하게 하였습니다.

그런 후 이스라엘이 다시 악을 행하므로 18년 동안 모압 왕 에글론을 섬기게 하였습니다. 그러자 하나님은 사사 에훗을 세워 구원하고 80년 동안 평안하게 하였습니다.

에훗이 죽은 후 이스라엘이 다시 죄를 범하자 20년 동안 가나안 왕 야빈에게 학대를 당하게 하였습니다. 그러자 하나님은 사사 드보라를 세워 구원하고 40년 동안 평안을 주었습니다.

다시 죄를 지어 7년 동안 미디안의 손에 넘겨주었고 사사 기드온을 세워 구원하여 40년 동안 평안하였습니다.

여호수아가 죽은 후 기드온의 때 까지를 다시 정리하면 총 253년 동안 이스라엘이 외국의 식민지를 당한 기간은 53년이고 평안한 기간은 200년이었습니다. 사사 시대의 역사에서 배우는 교훈은 크게 두 가지입니다.

첫째, 나라의 평강은 백성들이 하나님께 순종하는지 여부로 결정된다.

둘째, 백성의 하나님에 대한 순종은 그 나라의 지도자에게 달려있다.

대통령이 선하고 하나님을 잘 믿으면 국민이 평안하고 대통령이 악하고 하나님을 믿지 않으면 국민이 고난을 당합니다.

한국의 근대 역사는 36년 동안 일본의 지배를 받았고 그 후 5년간 평화로웠으며 다시 육이오 사변으로 3년간 고통을 받았습니다. 그 후로는 지금까지 67년 째 평화를 누리고 있습니다. 과거 111년 중에 39년은 평강이 없었고 72년은 평안하였습니다.

육이오 사변이 끝난 이후로 지금까지 67년 동안 나라가 평안했던 이유는 한국 국민들이 예수를 믿었기 때문입니다. 1950년에 3퍼센트도 안 되던 기독교 인구가 불과 30년 만인 1980년까지 30퍼센트가 될 정도로 크게 부흥하였기 때문입니다.

한국의 기독교인 비율은 1990년대를 기점으로 조금씩 감소하고 있지만 한국은 선교사를 미국 다음으로 많이 보내는 나라로서, 모든 교회가 새벽 예배를 드리는 믿음의 나라로서 하나님이 특별한 은혜를 베풀고 있기 때문에 지금도 평안을 누리고 있습니다. 또한 역대의 대통령 중에는 문재인을 제외하고는 특별히 악한 대통령이 없었다는 사실도 대한민국이 현재까지 평안을 누리고 있는 이유 중의 하나입니다.

그러나 하나님의 은혜로 누리던 대한민국의 평화가 얼마 전부터 흔들리기 시작하였습니다. 지금 한국은 정치, 경제, 사회, 안보 등 모든 분야가 총체적인 난국에 처해있습니다. 국민들에게 평강이 없습니다.

수많은 시민이 서울 한 복판에서 연일 시위를 하고 있습니다. 망해가는 나라를 위해 탄식하며 기도하고 있습니다. 야당의 대표는 국가를 살리려고 추운 겨울 길거리에서 9일간이나 목숨을 건 금식을 하였습니다.

왕이 악하고 하나님을 떠날 때에 백성들이 화를 당하는 성경 말씀이 지금 대한민국에 응하고 있습니다. 그렇다면 이 나라가 왜 이 지경까지 되었겠습니까? 하나님께 바쳐진 대한민국이 왜 순식간에 엉망진창이 되었겠습니까? 이유가 있습니다. 대통령이 악하기 때문입니다. 하나님이 없다고 하는 공산주의 마귀가 대통령이 되었기 때문입니다.

마귀는 원래부터 속이는 자요 도둑질 하는 자요 살인하는 자입니다. 요한복음 10장 10절과 요한복음 8장 44절을 보겠습니다.

"도둑이 오는 것은 도둑질하고 죽이고 멸망시키려는 것뿐이요…" (요 10:10).

"너희는 너희 아비 마귀에게서 났으니 너희 아비의 욕심대로 너희도 행하고자 하느니라 그는 처음부터 살인한 자요 진리가 그 속에 없으므로 진리에 서지 못하고 거짓을 말할 때마다 제 것으로 말하나니 이는 그가 거짓말쟁이요 거짓의 아비가 되었음이라" (요 8:44).

마귀의 속성은 크게 세 가지입니다. 첫째, 거짓말쟁이 입니다. 둘째, 도둑놈입니다. 셋째, 살인자입니다. 마귀는 거짓말로 속여 도둑질을 하고 죽이는 것입니다. 이 세 가지 속성은 공산주의자들의 속성과 일치합니다. 스탈린과 모택동과 김일성이 그러하였고 현재 김정은과 문재인이 그러합니다.

문재인은 불법 탄핵으로 정권을 도둑질 하였고 자신과 사상이 다른 많은 사람들을 감옥에 가두었습니다. 탈북자를 강제 북송 하여 죽을 위험에 빠트렸습니다. 그가 저지른 부정 부패의 증거들이 계속 드러나고 있습니다. 문재인으로부터 시작된 불법 탈법이 이제 그의 측근들까지 감옥으로 보내고 있습니다. 새끼 마귀들이 아비 마귀를 따르다가 저주를 받고 있습니다.

그의 처소인 청와대는 대한민국 악의 축이요 악인의 장막이 되었습니다. 그리하여 모든 악이 청와대로부터 나와 온 대한민국에 퍼져 가고 있습니다. 이러한 악의 원천들에게 하나님이 내리는 벌이 있습니다. 그것은 독을 먹여 죽이는 것입니다. 예레미야 23장 15절을 보겠습니다.

"그러므로 만군의 여호와께서 선지자에 대하여 이와 같이 말씀하시니라 보라 내가 그들에게 쑥을 먹이며 독한 물을 마시게 하리니 이는 사악이 예루살렘 선지자들로부터 나와서 온 땅에 퍼짐이라 하시니라" (렘 23:15).

문재인의 분신이라고 불리고 문재인을 이어 공산혁명을 완성시킬 자였던 어떤 사람이 죽었습니다. 정치적으로 죽었습니다. 청와대에서 흘러나온 법무부 장관 자리의 독한 물을 마시다가 죽은 것입니다. 그의 후임도 현재 동일한 독을 마시고 있습니다.

이들 외에도 독한 물을 마시는 사람들의 명단이 매일 언론에 공개되고 있습니다. 그 수가 점점 늘어가고 있습니다. 이들의 공통점은 문재인의 측근이라는 것입니다. 그러므로 문재인의 저주는 현실이고 독을 먹이는 하나님의 심판은 진행 중입니다.

누가복음 12장 2절, 3절을 보겠습니다.

"감추인 것이 드러나지 않을 것이 없고 숨긴 것이 알려지지 않을 것이 없나니" "이러므로 너희가 어두운 데서 말한 모든 것이 광명한 데서 들리고 너희가 골방에서 귀에 대고 말한 것이 지붕 위에서 전파되리라" (눅 12:2-3).

지금 한국에는 놀라울 정도로 이 말씀이 잘 응하고 있습니다. 자기 방에서 몰래 위조한 표창장이 세상에 공개될 줄은 꿈에도 몰랐을 것입니다. 청와대의 은밀한 곳에서 한 말이 신문에 공개될 줄은 몰랐을 것입니다.

지금 문재인이 골방에서 비서의 귀에 대고 말한 것이 지붕 위에서 전파되고 있습니다. 공중파를 타고 퍼져 나가고 있습니다. 멀리 울산까지도 들리고 있습니다. 지금 도둑의 소굴이 된 청와대에서 감춘 것이 드러나지 않을 것이 없고 알려지지 않을 것이 없을 것입니다. 왜냐하면 하나님의 예언은 성취되어야 하기 때문입니다.

대한민국에는 크게 두 곳의 마귀 집단이 있습니다. 한 곳은 청와대이고 다른 한 곳은 민주당입니다. 이들은 정권을 잡은 후 지금까지 거짓말하고 도둑질하고 감옥 보내고 죽이는 일에 전념을 하여 수천 명을 기소하고 감옥에 보내고 죽게 하였습니다. 더 나아가 국가를 공산화 하여 사탄에게 바치려 하고 있습니다. 이제 하나님이 악이 찰 대로 찬 이 곳을 심판하려고 합니다. 선한 자는 악한 자들이 죽이지만 악한 자는 하나님이 직접 심판할 것입니다.

본문 말씀으로 돌아가보겠습니다. 고라는 부당한 요구를 하며 모세의 권위에 대항하여 자신은 물론 자신의 가족도 죽게 하고 함께 있던 사람들까지도 멸망하게 하였습니다. 유다서 1장 11절을 보겠습니다.

"화 있을진저 이 사람들이여, 가인의 길에 행하였으며 삯을 위하여 발람의 어그러진 길로 몰려 갔으며 고라의 패역을 따라 멸망을 받았도다" (유 1:11).

이처럼 고라는 패역한 인물의 상징으로 신약 성경에도 인용이 되었습니다. 그런데 본문 말씀을 통하여 가르치려는 핵심은 고라의 악함에 대한 것은 아닙니다. 그가 악하고 패역한 짓으로 멸망한 것은 사실이지만 지금 여기서 주목하려는 것은 고라와 함께한 사람들에 대한 것입니다. 본문 말씀 중 민수기 16장 26절을 보겠습니다.

"모세가 회중에게 말하여 이르되 이 악인들의 장막에서 떠나고 그들의 물건은 아무 것도 만지지 말라 그들의 모든 죄중에서 너희도 멸망할까 두려워하노라 하매" (민 16:26).

하나님이 고라를 심판할 것이므로 회중들에게 악인들의 장막에서 떠나라고 명령하였습니다. 여기서 악인들의 장막이란 고라가 거처하고 있는 곳입니다. 그 곳을 떠나지 않으면 고라와 함께 멸망할 것이라고 경고하였습니다. 이 말씀은 죄를 짓지 않았더라도 고라가 있는 곳에 함께 있으면 그들도 망한다는 의미입니다. 본문 말씀 중 민수기 16장 31절에서 33절까지를 보겠습니다.

"그가 이 모든 말을 마치자마자 그들이 섰던 땅바닥이 갈라지니라" "땅이 그 입을 열어 그들과 그들의 집과 고라에게 속한 모든 사람과 그들의 재물을 삼키매" "그들과 그의 모든 재물이 산 채로 스올에 빠지며 땅이 그 위에 덮이니 그들이 회중 가운데서 망하니라" (민 16:31-33).

땅이 갈라지며 고라를 삼키는데 고라 혼자 스올로 떨어진 것이 아닙니다. 고라에게 속한 모든 사람들이 함께 산채로 땅에 묻혀 죽은 것입니다. 지금 문재인에게 속한 자들은 망합니다. 청와대 안에 있는 자들은 망합니다. 민주당 안에 있는 자들도 망합니다. 지금 청와대와 민주당은 악인들의 장막이고 문재인은 고라입니다. 그러니 이제 문재인과 함께 망하지 않으려면 그곳을 떠나야 할 것입니다.

악한 자의 집안은 몰살을 당합니다. 사울이 악하므로 아들 셋과 손자 넷이 목매달려 죽임 당했습니다. 아합이 악하므로 자신의 부인은 물론 수십 명의 아들이 모두 몰살 당했습니다. 하만이 악하므로 그의 아내와 모든 자녀가 목매달려 죽임 당했습니다.

조국이 악하므로 그 집안이 망한 것입니다. 조국이 악인들의 장막을 떠나지 않으므로 패가망신한 것입니다. 비서실의 수사관이 죽은 것은 악인의 장막을 떠나지 않았기 때문입니다. 어떤 수사관은 떠났기 때문에 살았습니다. 문재인에게 속한 자들은 회중 가운데서 망할 것입니다. 그러니 더 이상 그들의 죄에 참여하지 말고 청와대를, 민주당을 속히 떠나십시오. 지금 땅바닥이 갈라지려고 합니다.

12
대한민국을
구원할 대통령

"그 후에 내가 내 영을 만민에게 부어 주리니 너희 자녀들이 장
래 일을 말할 것이며 너희 늙은이는 꿈을 꾸며 너희 젊은이는 이
상을 볼 것이며" (요엘 2:28).

모든 인간은 꿈을 꿉니다. 그리고 그 꿈의 의미를 알려고 합니다.
나름대로 해석을 하며 다른 사람에게 해석을 묻기도 합니다. 세상은
꿈에 대한 의미를 전통과 관습을 적용하여 풉니다. 돼지가 꿈에 보
이면 복이 온다고 합니다. 배설물을 보면 돈이 들어온다고 해석합니
다. 개꿈이라는 표현도 있습니다. 꿈의 의미를 모를 때나 느낌이 좋
지 않은 꿈을 보통 개꿈이라고 지칭합니다.

세상의 학문은 꿈이 심리적 상태를 반영하거나 잠재의식의 결과라
고 설명합니다. 그러나 이와 같은 세상의 관습이나 학문이 말하는
꿈의 의미는 바른 것이 아닙니다. 꿈은 하나님이 주는 것입니다.

꿈은 잠을 자면서 다른 것을 보거나 느끼거나 경험하는 초자연적
인 현상입니다. 모든 인간이 공통으로 경험하는 신령한 일입니다. 이
러한 신령한 일은 하나님으로부터 옵니다. 꿈은 하나님의 말씀입니

다. 그것이 좋든지 불쾌하든지 이해가 되든지 되지 않든지 꿈은 하나님의 섭리입니다.

성경은 하나님이 꿈으로 말씀하는 것을 보여줍니다. 이러한 꿈들은 꿈을 꾼 사람을 유익하게 하려는 목적이 있습니다. 그러므로 꿈이 아무 의미가 없거나 심리 상태를 반영한다고 여기는 것은 성경적이지 않습니다. 꿈을 바르게 해석하고 삶에 적용을 하는 것은 옳은 것입니다.

지금부터는 성경에 소개되는 꿈들을 살펴보며 꿈이 하나님의 음성을 듣는 신령한 일이라는 사실을 증명하고 꿈을 생활에 반영할 수 있는 지혜를 나누겠습니다.

첫째, 하나님은 꿈으로 지시합니다. 창세기 31장 11절에서 13절까지를 보겠습니다.

"꿈에 하나님의 사자가 내게 말씀하시기를 야곱아 하기로 내가 대답하기를 여기 있나이다 하매" "이르시되 네 눈을 들어 보라 양 떼를 탄 숫양은 다 얼룩무늬 있는 것, 점 있는 것과 아롱진 것이니라 라반이 네게 행한 모든 것을 내가 보았노라" "나는 벧엘의 하나님이라 네가 거기서 기둥에 기름을 붓고 거기서 내게 서원하였으니 지금 일어나 이 곳을 떠나서 네 출생지로 돌아가라 하셨느니라" (창 31:11-13).

야곱의 장인 라반이 오랫동안 야곱을 속여 빼앗은 것을 본 하나님이 야곱을 부유하게 하여 고향으로 돌아 갈 것을 꿈에서 지시하였습니다.

둘째, 꿈은 예언적입니다. 창세기 28장 12절에서 14절까지를 보겠습니다.

"꿈에 본즉 사닥다리가 땅 위에 서 있는데 그 꼭대기가 하늘에 닿았고 또 본즉 하나님의 사자들이 그 위에서 오르락내리락 하고""또 본즉 여호와께서 그 위에 서서 이르시되 나는 여호와니 너의 조부 아브라함의 하나님이요 이삭의 하나님이라 네가 누워 있는 땅을 내가 너와 네 자손에게 주리니""네 자손이 땅의 티끌 같이 되어 네가 서쪽과 동쪽과 북쪽과 남쪽으로 퍼져나갈지며 땅의 모든 족속이 너와 네 자손으로 말미암아 복을 받으리라" (창 28:12-14).

야곱이 에서를 피하여 외갓집으로 가는 중에 꿈 속에서 말씀을 받았습니다. 모든 족속이 야곱과 그의 자손으로 인해 복을 받는다고 합니다. 이 말은 야곱의 자손으로 오실 예수 그리스도로 인하여 모든 사람이 구원받는 복을 의미합니다. 이 예언은 성취되었습니다.

셋째, 꿈은 사실적이기도 하지만 상징으로 보여주기도 합니다. 창세기 40장 9절에서 13절까지를 보겠습니다.

"술 맡은 관원장이 그의 꿈을 요셉에게 말하여 이르되 내가 꿈에 보니 내 앞에 포도나무가 있는데""그 나무에 세 가지가 있고 싹이 나서 꽃이 피고 포도송이가 익었고""내 손에 바로의 잔이 있기로 내가 포도를 따서 그 즙을 바로의 잔에 짜서 그 잔을 바로의 손에 드렸노라""요셉이 그에게 이르되 그 해석이 이러하니 세 가지는 사흘이라""지금부터 사흘 안에 바로

가 당신의 머리를 들고 당신의 전직을 회복시키리니 당신이 그 전에 술 맡은 자가 되었을 때에 하던 것 같이 바로의 잔을 그의 손에 드리게 되리이다" (창 40:9-13).

옥에 갇힌 바로 왕의 술관원이 꿈을 꾸었으나 스스로 해석할 수 없어 요셉에게 물었습니다. 요셉은 포도즙을 짜서 바로의 잔에 부어 준 것은 전직이 회복되는 뜻이고 세 나뭇가지는 사흘 안에 그렇게 된다는 의미로 꿈을 해석을 하였는데 그대로 이루어졌습니다. 여기서 포도주를 드린 것은 사실적으로 보여준 것이고 세 나뭇가지는 상징으로 보여준 것입니다.

넷째, 꿈의 해석은 하나님으로부터 옵니다. 창세기 40장 8절을 보겠습니다.

"그들이 그에게 이르되 우리가 꿈을 꾸었으나 이를 해석할 자가 없도다 요셉이 그들에게 이르되 해석은 하나님께 있지 아니하니이까 청하건대 내게 이르소서" (창 40:8).

하나님이 꿈을 해석해 준다고 합니다. 해석이 어려운 꿈이나 기분 나쁜 꿈이라도 모두 하나님이 이유가 있어 준 것입니다. 개꿈이라고 하는 의미 없는 꿈은 없으므로 하나님께 해석할 수 있는 지혜를 구하여 꿈을 해석할 수 있습니다.

다섯째, 꿈은 유익합니다. 마태복음 2장 12절에서 14절까지를 보겠습니다.

"그들은 꿈에 헤롯에게로 돌아가지 말라 지시하심을 받아 다른 길로 고국에 돌아가니라" "그들이 떠난 후에 주의 사자가 요셉에게 현몽하여 이르되 헤롯이 아기를 찾아 죽이려 하니 일어나 아기와 그의 어머니를 데리고 애굽으로 피하여 내가 네게 이르기까지 거기 있으라 하시니" "요셉이 일어나서 밤에 아기와 그의 어머니를 데리고 애굽으로 떠나가" (마 2:12-14).

여기에는 꿈으로 목숨을 건진 두 그룹이 있습니다. 하나는 동방박사들입니다. 예수의 탄생을 알고 경배하러 온 세 명의 동방박사는 헤롯에게 갔으면 죽임을 당하였을 것인데 꿈을 통하여 그러한 위험을 면하였습니다.

다른 한 그룹은 요셉과 아기 예수 가족입니다. 꿈에 하나님이 헤롯이 아기들을 죽이려는 계획을 요셉에게 알려 주어 애굽으로 피하게 하였습니다. 이처럼 꿈을 잘 분별하고 해석하면 생명을 지킬 수 있을 정도로 유익합니다.

여섯째, 꿈은 기록해야 합니다. 다니엘 7장 1절과 요한계시록 1장 19절을 보겠습니다.

"바벨론 벨사살 왕 원년에 다니엘이 그의 침상에서 꿈을 꾸며 머리 속으로 환상을 받고 그 꿈을 기록하며 그 일의 대략을 진술하니라" (단 7:1). "그러므로 네가 본 것과 지금 있는 일과 장차 될 일을 기록하라" (계 1:19).

다니엘과 요한은 받은 꿈을 기록하였습니다. 꿈을 기록하는 이유는 잊지 않기 위한 것입니다. 꿈은 하나님의 말씀이므로 잘 기억하고 간직해야 합니다. 꿈을 꾼 후에는 잊기 전에 기록하는 것이 중요합니다. 꿈을 기록할 노트를 준비하여 날짜와 시간과 꿈 내용을 그대로 기록하고 해석하십시오.

해석이 어려울 때에는 기도하십시오. 성령이 해석을 도웁니다. 해석이 정확하다는 확신이 없어도 나름대로 해석하여 기록하십시오. 그 해석이 당시에는 애매한 것 같아도 시간이 흐른 후에 대부분의 해석이 틀리지 않은 것을 경험할 수 있습니다. 그리고 시간이 흐른 후에 과거에 기록한 꿈의 내용을 살펴보면 꿈으로 받은 예언이 성취되는 것을 확인할 수도 있습니다.

지금부터는 내가 꿈으로 받은 말씀 중 일부를 여러분과 나누겠습니다. 나는 수년 전부터 꿈을 기록하고 있습니다. 하나님이 꿈으로 말씀하는 것을 깨달은 후부터 꿈을 기록하였습니다. 나는 꿈의 유익과 꿈을 기록할 때의 유익을 모두 경험하였습니다.

오랜 전에 내가 집사였을 때에 케냐와 캄보디아로 단기 선교를 갈 기회가 있었습니다. 두 곳 중에 한 곳을 선택해야 하는 데 처음에는 케냐로 가기로 작정하였습니다. 케냐로 가기로 한 이유는 케냐가 캄보디아보다 더 가난할 것이라고 짐작을 하였고 케냐에는 교회에서 파견한 선교사가 있었기 때문입니다.

케냐로 가기로 결심을 한 후 며칠이 지나지 않아 어디로 가야할 지 하나님께 묻지 않았다는 생각이 문득 들었습니다. 그래서 그 날 잠자리에 들기 전에 두 나라 중에 어디로 가야할 지 오늘 꿈 속에서 말씀해 달라고 기도하였습니다. 신실한 하나님이 바로 그날 밤에 꿈으로 어느 나라로 갈 지에 대한 답을 주었습니다. 꿈의 내용과 해석을 소개하겠습니다.

내가 붉은 색 오토바이를 타고 비행기 트랩을 올라가다가 도중에 뒤로 굴러 떨어졌습니다. 그 오토바이는 팔을 길게 뻗고 머리를 숙여 타야 하는 것이었습니다. 그런데 내가 머리를 너무 높이 들어서 굴러 떨어졌다고 생각하였습니다. 다시 고개를 숙이고 오토바이를 운전하여 비행기 안으로 무사히 들어왔습니다.

비행기 안에는 여자 승무원이 있었는데 나와 잘 아는 사이였습니다. 그 승무원은 오늘 기내식이 스시라서 먹지 못하고 우동을 먹었다고 말하였습니다. 그 승무원은 동양인인데 한국인은 아니었습니다.

승무원이 비행기 기장을 소개 시켜 주었습니다. 기장은 흰 와이셔츠에 곤색 바지를 입은 키가 작은 동양인이었습니다. 그리고 기내에는 나의 것과 똑 같고 색깔만 틀린 오토바이가 한 대 있었습니다. 내 것은 붉은 색이고 그것은 흰 색이었습니다. 그 오토바이는 기장의 것이라고 생각하였습니다.

그리고 장면이 바뀌었습니다. 베트남 보트 피플처럼 보이는 한 가족이 교회에 와서 기도를 받고 싶다고 요청하였습니다. 내가 목사님에게 인도하겠다고 하니 거절을 하며 나에게 기도를 받고 싶다고 말하였습니다. 나는 그들이 목사님에게 기도를 받지 않고 나에게 기도를 받겠다는 것을 의아해 하였습니다. 그리고 꿈을 깼습니다.

별로 해석이 쉬워 보이지 않는 이 꿈이 잠을 깨자 마자 순식간에 해석이 되었습니다. 해석은 이러합니다. 첫째, 꿈에 나타나는 인물들이 모두 동양인들입니다. 즉 케냐로 가지 말고 캄보디아로 선교를 가라는 뜻입니다. 둘째, 붉은 오토바이를 탄 것은 예수의 피를 의지하라는 것입니다.

셋째, 고개를 많이 숙이고 오토바이를 타야 비행기 트랩을 올라갈 수 있었던 것은 겸손하라는 뜻입니다. 넷째, 여자 승무원이 나에게 친숙하게 말을 건네고 아는 사이인 것처럼 느낀 이유는 그 여승무원이 나를 섬기는 천사라는 의미입니다. 다섯째, 흰 셔츠를 입은 기장은 예수 그리스도를 상징하는 인물이었습니다.

이 꿈을 다시 정리하여 해석하면 겸손하게 예수의 피를 의지하여 캄보디아로 선교를 가라는 것입니다. 예수님이 직접 비행기 조종간을 잡고 가므로 안심하게 다녀오라는 의미입니다. 놀라운 것은 꿈을 깨자 마자 즉시로 해석이 되었다는 사실입니다.

캄보디아로 선교 갈 것을 말씀해 주셨을 뿐더러 예수님이 안전하게 캄보디아까지 데려갈 것을 보여주심으로 나에게는 너무 평안하고 기쁜 꿈이었습니다. 그리하여 꿈이 깨자 마자 "할렐루야 감사합니다"를 침대에서 여러차례 외쳤습니다. 또 한 가지 놀라운 것은 그날 밤에 어디로 선교를 가야할 지를 꿈에서 말씀해 달라고 기도를 했는데 그대로 이루어졌다는 사실입니다.

베트남 보트 난민처럼 보였던 사람들이 나에게 기도를 요청한 것은 캄보디아 선교를 간 마지막 날에 무슨 의미였는지 알게 되었습니다. 선교 마지막 날에 무슬림 동네에서 노방전도와 가정 방문 전도를 한 후에 아이들 머리를 감겨주는 사역을 하는 곳으로 돌아왔습니다. 그 때에 누군가 나에게 머리를 감긴 아이들에게 축복기도를 해

주라고 하였습니다.

선교팀에는 장로 같은 권위가 더 높은 사람들이 있었는데 집사인 나에게 축복기도를 하라고 하는지 의아했지만 꿈이 기억이 났습니다. 베트남 사람처럼 보였던 가족이 나에게 기도를 받기 원한 것은 내가 캄보디아에서 아이들에게 축복기도를 하게 될 것을 예언적으로 보여준 것이었습니다.

이 꿈의 예에서 보듯이 하나님은 미래의 일을 꿈으로 보여주고 해석할 수 있는 지혜까지 줍니다. 어느 나라로 선교를 가야할 지를 알려줌으로써 나에게 큰 유익이 되었습니다. 캄보디아에서 무슬림을 포함하여 수십 명이 나의 전도를 통하여 예수를 영접하였습니다.

전도한 사람 중에 첫 번째 사람을 제외하고 모두 예수를 영접하는 기적적인 일이 있었습니다. 꿈을 하나님의 말씀으로 받아 캄보디아로 갔고 예수의 피를 의지하여 겸손한 마음으로 전도함으로써 맺은 열매였습니다.

이 외에도 예언적인 꿈이 그대로 이루어진 예들이 많이 있습니다. 그러니 여러분도 꿈을 기록하고 해석하여서 하나님이 주는 예언의 말씀을 신앙생활의 유익으로 삼으십시오.

마지막으로 지난 3년여 동안에 걸쳐 하나님이 보여준 몇 차례의 꿈에 대하여 나누어 보겠습니다. 이 꿈은 한국의 정치와 관련된 것입니다. 꿈의 내용을 그대로 묘사하고 내가 받은 영감에 근거하여 해석하였습니다.

우선 이러한 꿈을 꾸게 된 배경을 잠시 설명하겠습니다. 2016년 가을 경에 나는 이스라엘에서 가르치고 복음을 전하고 있었습니다. 나는 그 당시에 뉴스를 거의 접하지 않고 지낸 지 오래 되었습니다. 나는 미국에서 오래 살았기 때문에 한국의 뉴스는 더더욱 듣지 않았습니다. 그럼에도 불구하고 나의 귀에까지 들려온 뉴스가 하나 있었습니다. 그것은 최순실과 박근혜 대통령 관련 뉴스였습니다.

한국의 한 지인으로부터 대략의 이야기를 전해 들었습니다. 그 당시에는 대부분의 사람들이 잘못된 정보에 속아 있을 때였습니다. 박근혜 대통령에 대하여 듣고 마음이 아프고 한국이 걱정스러웠습니다. 그래서 한국에서 온 한 선교사에게 한국 정치인 중에 믿음이 좋은 분이 있느냐고 물었습니다.

내가 이러한 질문을 한 이유는 단순했습니다. 신실한 하나님의 사람이 대통령으로 세워지지 않으면 한국의 미래는 어려울 것이라는 감동이 왔기 때문입니다. 혹시 그러한 정치인이 있다면 대통령으로 세워 달라는 기도를 하려고 물어본 것이었습니다.

그랬더니 이 선교사는 황교안 총리를 말하였습니다. 나는 그 당시 황교안이 총리인 줄도 몰랐고 황교안이라는 사람에 대하여는 전혀 몰랐습니다. 이 선교사는 황교안 총리가 얼마나 믿음이 좋은 사람인지에 대하여 대략 설명해 주었습니다.

나는 인터넷으로 황교안 총리에 대하여 검색을 해보았습니다. 그리하여 그 분의 이력에 대하여도 알게 되었습니다. 국회에서 지혜롭게 답변하는 모습도 보았습니다. 황교안 총리의 신앙과 관련하여 가장 인상적이었던 부분은 어느 기자의 질문에 대한 답변이었습니다.

황교안 대표가 법무부 장관시절 법률에 관한 책을 저술한 후에 어느 기자가 황교안 장관에게 "독실한 크리스천인 것으로 알려졌는데 하나님의 법과 세상의 법이 충돌할 때에는 어느 법을 우선 하겠습니까"라는 질문을 하였습니다.

이 질문에 황교안 장관은 하나님의 법이 우선이라고 대답하였습니다. 현직 법무 장관으로써 이렇게 대답하는 것이 쉬운 것은 아닙니다. 왜냐하면 하나님을 믿지 않는 사람들로부터 공격을 받을 수도 있는 민감한 내용이기 때문입니다.

그럼에도 불구하고 하나님의 법이 우선이라고 거침없이 대답을 한 것을 보고 그의 믿음에 감동을 받았습니다. 그리고 이 분은 물과 성령으로 거듭난 신실한 크리스천이라고 판단하였습니다. 그 후로 성령이 황교안 총리를 위하여 기도하게 하였습니다. 그리하여 지금까지 몇 년째 꾸준히 황교안 총리를 위하여 기도하고 있습니다.

기도의 내용은 단순합니다. 황교안을 축복합니다. 황교안을 한국의 대통령으로 세우소서. 황교안을 돕는 자를 도우시고 황교안을 훼방하는 자를 훼방하소서. 거의 매일 기도 하였습니다. 이러한 연장선상에서 하나님이 황교안 대표와 관련한 꿈을 다섯 차례 주었습니다. 그 꿈의 내용을 여러분과 나누겠습니다.

첫 번째 꿈을 꾼 때는 2017년 11월 6일이었습니다. 황교안 대표가 대중 앞에서 연설하고 있었습니다. 많은 목사들이 황교안 대표를 지지하며 따르고 있었습니다. 그 당시에 해석한 내용을 보면 "믿는 자들의 기도로 황교안이 차기 대통령에 당선 될 것이다. 황교안을 위하여 계속 기도할 것"이라고 적혀 있습니다.

두 번째 꿈은 첫 번째 꿈을 꾼 지 약 1년 후인 2018년 11월 1일이었습니다. 황교안 대표가 웃으며 내 이름을 부르며 나를 반갑게 맞이하여 함께 있었습니다. 주변에 다른 사람들도 있었는데 청와대 뜰 같은 느낌이었습니다.

해석한 내용은 다음과 같습니다. "황교안 대표가 자신과 관련한 나의 유튜브 설교를 듣고 나를 친밀하게 여기고 있음. 이름을 부르는 것은 친밀함의 상징. 대통령이 된 후 또는 그 과정에 영적인 조언을 해 주는 친한 사이가 될 수도 있음. 1년 전 황교안 대표의 선거 유세하는 꿈과 연결이 됨. 황교안 대표가 차기 대통령이 되도록 기도하고 있음"이라고 적어 놓았습니다.

세 번째 꿈은 2019년 2월 13일에 꾸었습니다. 꿈의 내용은 다소 복잡한데 요약하여 설명하겠습니다. 황교안 총리가 소파 앞에 놓는 테이블을 쇼핑하는 것을 내가 옆에서 도와주고 있었습니다. 가로 세로 110센티의 통나무 바둑판 같은 디자인으로 고르고 가격도 흥정하여 도와주었습니다. 황교안 총리는 그 테이블을 천안으로 배달해 달라고 하였습니다. 이것이 꿈의 내용입니다.

바둑판 모양의 테이블은 전략적 사고를 하는 인재를 등용할 것을 의미합니다. 테이블을 천안으로 배달하는 것은 인재들이 하늘에서 평안을 누릴 자들, 즉 믿는 자들을 의미합니다. 다시 간략하게 해석하면 황교안 대표가 대통령이 된 후 인재들을 능력과 믿음을 기준으로 등용할 것입니다. 내가 가구 구입을 도운 이유는 내가 한 때는 가구 전문가였기 때문입니다. 지금은 설교가 전문이므로 설교로 황교안 대표를 돕게 될 것을 상징적으로 보여준 것입니다.

네 번째 꿈은 2019년 4월 12일에 꾸었습니다. 내가 황교안 대표 부부와 오랫동안 대화를 나누는 꿈이었습니다. "황교안 대표 부부와 친밀하게 됨"이라고 짧게 해석을 해 놓았습니다.

다섯 번째 꿈은 네 번째 꿈을 꾼 지 보름 만인 2019년 4월 27일에 꾸었습니다. 그 때에 적은 내용을 그대로 옮기겠습니다. "사람들에게 황교안을 칭찬하는 말을 함. 내가 황교안의 강의를 들은 적이 있는데 인격, 성품 등이 좋다고 회중들이 많이 모인 데서 이야기를 함. 그 회중들도 황교안의 연설을 들으려고 모이는 중이었는데 내가 그런 얘기를 하였고 그들 중에는 황교안도 있었음." 이상이 꿈의 내용입니다. "내가 황교안을 옹호하는 설교를 하게 될 것"이라고 짧게 해석해 놓았습니다.

지금까지 황교안 총리와 관련한 꿈들을 나누었습니다. 이 꿈들의 공통점은 내가 황교안 총리를 위하여 기도하고 설교하는 것에 관한 것입니다. 하나님이 주는 꿈은 유익한 것입니다. 그러나 지금까지 소개한 꿈들은 나 자신을 유익하게 하는 것은 아닙니다. 황교안 대표를 특별히 유익하게 하는 것도 아닙니다.

이 꿈들은 궁극적으로 국가를 유익하게 하는 것입니다. 신실한 하나님의 사람이 통치자로 세워지지 않으면 나라가 망하게 되므로 대한민국을 살리려고 준 꿈입니다. 내가 황교안 총리를 높이고 옹호하는 설교를 하는 것은 성령의 감동이지 사사로운 생각으로 하는 것이 아닙니다. 정치적인 배경으로 하는 것도 아닙니다. 나는 황교안 대표와 개인적으로 아무 관련이 없습니다. 일면식도 없습니다.

다만 한 가지 동일한 것이 있습니다. 그것은 같은 하나님을 믿는다는 사실입니다. 하나님을 믿는다고 하는 사람들 중에도 실제는 서로 다른 하나님을 섬기는 경우가 있습니다. 바르게 믿지 않는 사람

들이 많다는 의미입니다. 그러나 나의 하나님과 황교안의 하나님은
동일합니다. 그러므로 그를 위하여 축복하고 기도하고 설교하는 것
입니다.

본문 말씀은 마지막 때에 만민에게 성령을 부어 주고 꿈과 환상
을 보여주며 예언하게 한다고 말씀합니다. 그러니 여러분도 성령을
받고 꿈과 환상을 보고 있을 것입니다. 장래 일을 말할 수도 있을 것
입니다. 나도 성령을 받았고 꿈을 꿉니다. 그리하여 장래에 일어날지
모를 꿈을 여러분과 나누는 것입니다.

그럼에도 불구하고 나는 지금 황교안 대표가 차기에 대통령으로
당선된다고 예언하는 것은 아닙니다. 다만 간절히 소망하며 기도할
뿐입니다. 그러나 의인인 여러분들이 기도하면 이루어질 것입니다.
왜냐하면 의인의 간구는 역사하는 힘이 크기 때문입니다. 여러분의
기도가 나라와 민족을 구원할 새 대통령을 세울 것입니다.

영혼을 살리는 설교 6
모든 사람의 구원 ─────────────────────────

초판 1쇄 2021년 04월 29일

지은이 다니엘 조
펴낸곳 쉐미니 아쯔렛
이메일 sukkot777@gmail.com
등 록 2018. 8. 20 제2018-000081

ISBN 979-11-964731-9-8 03230